직업의 **종말**

THE END OF JOBS
by Taylor Pearson

Published by special arrangement with 2 Seas Literary Agency and Danny Hong Agency
Korean translation copyright ⓒ 2017 by Bookie Publishing House, Inc.

The End of of Jobs

불확실성의
시대
일의 미래를
준비하라

Taylor Pearson
테일러 피어슨 지음

방영호 옮김

직업의 **종말**

부·키

지은이 테일러 피어슨 Taylor Pearson

사업가이자 강연자, 비즈니스 컨설턴트이다. 지난 3년간 로스앤젤레스, 뉴욕, 베트남, 브라질에 이르는 전 세계 지역에서 수많은 사업가들을 만나며 그들의 삶과 경험을 함께했다. 저자는 고양이 가구에서부터 데이팅 웹사이트에 이르기까지 다양한 업종에서 그들의 사업이 성장하도록 도우며 한 가지 분명한 사실을 깨달았다. 국적, 업종, 나이, 인종, 성별에 상관없이 오늘날 직업은 사람들이 흔히 생각하는 수준 이상으로 위험하며 수익성이 떨어지는 일이 되었다는 것이다. 반면 자신만의 비즈니스를 펼치는 일은 역사상 그 어느 때보다도 접근이 용이하고 안전하며 높은 수익을 올릴 수 있는 일이 되었다. 이에 저자는 수많은 사업가들과의 상호 교류, 수십 건에 이르는 최신 연구 결과와 자료를 토대로 이 책『직업의 종말』을 출간했다. 『직업의 종말』은 출간 즉시 아마존 비즈니스 부문 베스트셀러 1위에 올랐으며, Inc Magazine의 '올해의 비즈니스 북'에 선정되었다.

옮긴이 방영호

경제경영 및 인문교양 분야 전문번역가. 아주대학교에서 영문학과 불문학을, 같은 대학 국제학부에서 유럽지역학을 전공했다. 학업을 마친 후 국내 여러 기업에서 마케팅 기획 및 상품 개발 관련 업무를 했으며, 지금은 독자들에게 세상을 보는 지혜를 전달하고자 번역에 몰두하고 있다. 역서로는『필립 코틀러의 마케팅 모험』『필립 코틀러 퍼스널 마케팅』『필립 코틀러 전략 3.0』『필립 코틀러 카오틱스』『전략적 I 리더십』『엔론 스캔들』『절망 너머 희망으로』『직관이 답이다』『관계의 본심』『보스의 탄생』『당신이 지갑을 열기 전에 알아야 할 것들』등이 있다.

직업의 종말

2017년 9월 22일 초판 1쇄 발행
2021년 2월 10일 초판 7쇄 발행

지은이 테일러 피어슨 옮긴이 방영호
펴낸곳 부키(주) 펴낸이 박윤우 등록일 2012년 9월 27일 등록번호 제312-2012-000045호
주소 03785 서울 서대문구 신촌로3길 15 산성빌딩 6층
전화 02) 325-0846 팩스 02) 3141-4066 홈페이지 www.bookie.co.kr
이메일 webmaster@bookie.co.kr
제작대행 올인피앤비 bobys1@nate.com
ISBN 978-89-6051-603-8 03320

이 도서의 국립중앙도서관 출판예정도서목록(CIP)은 서지정보유통지원시스템 홈페이지(http://seoji.nl.go.kr)와 국가자료공동목록시스템(http://www.nl.go.kr/kolisnet)에서 이용하실 수 있습니다.(CIP제어번호: CIP 2017021848)

썰물이 빠져나갈 때에야 비로소

누가 홀딱 벗고 수영했는지 알게 된다.

— 워런 버핏

위험이 느껴지는 일을 하고 있다면,

시장에서 중요한 우위를 획득한 것이다.

— 세스 고딘

차례

전문직의 신화는 끝났다
새로운 레버리지 포인트를 설정하라

"안녕하세요, 선생님. 특별 마사지를 받으시겠어요?" 멋진 태국 여성이 팔 사이에 스파 메뉴판을 낀 채 미소를 지어 보였다.

30미터 앞, 카고 셔츠와 산 미구엘 탱크톱에 크록스 플립 플랍 샌들을 신고 서 있는 댄 앤드루스(Dan Andrews)에게서 전형적인 다국적 기업 CEO의 분위기는 풍기지 않았다. 또 한편으로, 더블리너 바에 함께 모여 있던 동료들도 별반 다르지 않았다. 당시는 내가 댄, 그리고 댄의 동업자 이안과 함께 막 협업을 시작한 시점이었다. 댄이 소유한 전자상거래 상점에서 취급하는 상품들에 대한 온라인 마케팅을 진행·관리하는 일에 참여했다.

댄 바로 옆에는 트래비스 재미슨(Travis Jamison)이 앉아 있었다. 보디빌더 출신인 트래비스는 190센티미터가 넘는 키에 하얀색 브이넥, 몸에 꽉 끼는 청바지, 갈색 가죽 옥스퍼드 신발을 신고 있었다. 트래비스는 당시 두 건의 다국적 사업(보충제 제조 사업과 온라인 마케팅 서비스 제공 사업)을 운영하고 있었다.

삼총사는 한 미국 여성 덕분에 결성되었다. 곱슬머리에 환한 발리 치마를 입고 손에 위스키 잔을 쥔 엘리사 두세트(Elisa Doucette)는 머리를 뒤로 젖히며 즐겁게 웃었다. 엘리사는 작가들을 대상으로 한 콘텐츠 편집 사업을 운영하고 있었다.

내가 자리로 다가가자 모두 나를 향해 고개를 돌렸다. "아시아에 온 것을 환영합니다." 댄이 인사를 하며 환영했다.

"감사합니다." 나 역시 고개를 숙이며 감사의 인사를 전했다.

그때 종업원이 우리 쪽으로 걸어왔다. "마실 거 드릴까요?"

"위스키 주세요."

주문을 마친 댄이 내게 간략히 설명을 해 주었다. "이번 주에 있을 콘퍼런스 이야기를 막 하던 중이었습니다. 표가 매진되었답니다. 기업가 75명이 참석한답니다." 댄이 말하는 투로 봐서는 마치 국가대표 금메달리스트를 발표하는 자리 같았다. 하지만 내가 지금까지 들어본 것 중 가장 소규모의 콘퍼런스였다.

밤이 되자 콘퍼런스 참석자들이 하나 둘 아이리시 펍을 찾아 들어갔다. 술집에는 지미가 동업자인 더그와 함께 있었다. 지미는 여행 장비 판매회사 창업을 준비하고 있었다. 뉴질랜드 출신인 두 사람은 캐나다 교환학생 프로그램에 참여했다가 만나게 되었고, 북미 장거리자동차여행에서 뜻을 함께하게 되었다. 단기 아르바이트로 돈을 모으고, 저축했던 돈으로 생계를 꾸리며 창업을 준비하기로 했던 것이다. 당시 더그는 아직 뉴질랜드에서 직장생활을 하고 있었고, 지미는 필리핀에서 수분흡수 및 주름방지 기능 드레스셔츠 공급업체를 물색하다 온 참이었다.

로스앤젤레스에서 독립영화 감독으로 20대를 보낸 제시 롤러(Jesse Lawler)는 독학으로 프로그래밍을 공부하여 1년 전부터 프리랜서로 아이폰 애플리케이션용 소프트웨어를 개발하고 있었다. 한편 댄 노리스(Dan Norris)는 자신의 웹 디자인 회사를 매각하여 1년 치 예금에 달하는 자금을 확보했다. 당시 온라인 비즈니스를 위한 일체형 대시보드(dashboard)를 만들겠다는 목표로 소프트웨어 벤처업체인 인폼리(Informly)를 창업하는 과정에 있었다.

무슨 일이 일어나고 있었을까? 나는 티모시 페리스(Timothy Ferris)가 쓴 『4시간 The 4-Hour Workweek』 같은 창업가정신 관련 도서들을 읽어보았고, 주위에서 프리랜서로 일하거나 소규모 회사를 운영하는 친구들도 살펴보았지만 잘 이해가 되지 않았다.

그런데 2년이 흘러 2014년이 되자 그 소규모 콘퍼런스는 참석자 수가 75명에서 300명으로 늘어나면서 400퍼센트 성장을 했다. 그 기간 동안 나는 댄과 이안의 전자상거래 사업을 맡아서 운영하고 있었다. 당시는 미국 직장인 임금 인상률이 매년 0.5퍼센트밖에 되지 않던 시기였는데, 이동식 접이 판매대를 연회업체와 호텔에 판매하여 사업을 527퍼센트나 성장시켰다.

한편, 지미는 필리핀에서 아예 돌아왔고, 더그는 뉴질랜드에서 직장을 그만두었다. 여행용 셔츠 사업안은 보류되었다. 셔츠를 특별 주문·제작하는 일이 말처럼 쉽지 않았기 때문이다. 대신에 지미와 더그는 그로부터 30일 만인 2013년 말 킥스타터 캠페인(Kickstarter campaign)으로 34만1393달러를 모아 여행 배낭 브랜드 민알(Minaal)을 론칭했다. 이에 두 사람은 생산 라인을 보다 빨리 확대하는 쪽으로 사업의 초점을 바꿨다.

프리랜서 프로그래머인 제시 롤러 역시 집으로 돌아왔다. 베트남에 있는 자택에서 프리랜서 일을 계속한 그는 '원맨쇼'만 하던 처지에서 아이폰 애플리케이션 개발 대행회사를 설립하기에 이르렀다. 그는 코코넛 음료를 마시면서 회사 수익을 자체 상품 개발과 인지능력을 증진시키는 '지능향상 약(smart drugs)'에 관한 팟캐스트를 운영하는 데 쏟아부었다.

댄 노리스도 귀국했다. 댄은 9개월 동안 인폼리를 창업하느라 은행 잔고를 바닥내다시피 했다. 오스트레일리아에 있는 가족들을 부양하기 위해 직장을 구해야 할 처지였음에도 2주 전 소프트웨어 외주 개발 기업 WP 커브(WP Curve)를 출범시켰다. 회사는 2015년에 100만 달러 이상의 매출을 달성할 기세로 성장했다.

이 2년간의 이야기에 같은 시기 대학을 졸업한 내 친구들의 사연을 대입하는 것은 쉽지 않은 일이다. 나와 함께 대학을 졸업한 맥스는 콜럼버스로 돌아와 현지에서 꽤나 규모 있는 회계 회사에서 일했다. 그런데 2년간의 성과 평가를 받고 나서 근심에 휩싸였다. 세금 납부일이 임박한 4월까지 일주일에 50~60시간을 일했지만, 부서 실적 평가 결과가 중간 정도밖에 되지 않았다. 해마다 물가상승률을 감안해 연봉이 3퍼센트 인상된 것을 불행 중 다행이라고 생각했던 그였다. 하지만 맥스는 자신의 시간을 '소모'하고 있었다.

또 다른 친구인 줄리안은 국내 최고의 로스쿨에 입학했다. 이후 학업을 잘 수행했고, 결과적으로 샌프란시스코 소재 일류 로펌에 자리를 잡았다. 법조계에서 경력을 쌓기 시작한 대부분의 사람들처럼, 줄리안은 향후 3년에서 5년간은 일에 시간을 많이 할애할 작정이었다. 때로는 일주일에 80~100시간을 근무해야 하는데, 업계에서 좋은 평판을 얻고 학자금 대출을 청산하려면 어쩔 수 없는 노릇이었다. 나중에 가정을 꾸리고 작더라도 좀 더 여유를 누릴 수 있는 도시로 이사해 일과 삶의 균형을 유지하고 싶다는 꿈을 갖고 있었다.

한편 마리는 학부를 졸업하자마자 의과대학에 들어가 전공 분야를 선택하는 과정에 있었다. 오래전부터 가정의학과 전문의를 꿈꿔왔지만, 가정의학과나 내과 같은 1차 진료 의사들에 대한 의료보험 보상이 매우 낮아진 게 현실이었다. 이에 대출금을 갚고 남부럽지 않은 생활을 할 방법이 보이지 않아 답답했다. 그래서 전문의에 대한 의료보험 보상이 더 이상 낮아지지 않기를 바라며 마취과를 전공으로 선택했다.

무슨 일이 일어나고 있었을까? 대학을 졸업한 친구들, 샌들 차림으로 방콕을 방문한 300명의 창업가들, 이 두 집단의 차이는 무엇일까? 외부의 시선으로 볼 때, 두 집단은 하나같이 똑똑한 데다 밤낮 없이 일하고 있었다. 그런데 한 집단은 실직과 불합리한 장시간 노동, 임금 삭감의 위협에 불안해했다. 또 한 집단은 주체할 수 없을 만큼 많은 기회에 노출되었다. 왜 그랬을까? 처음 방콕을 방문한 지 2년 후 마침내 그 이유를 알게 되었다.

▌새로운 레버리지 포인트를 설정하라

억만장자 투자가 피터 틸(Peter Thiel)은 투자를 고려하는 업체와 인터뷰를 진행할 때 늘 다음 3가지 질문을 던진다.

1. 성공 비결은 무엇인가?
2. 극소수의 사람들만 동의하는 중요한 진실은 무엇인가?
3. 반대 의견이지만 옳다고 여겨지는 것은 무엇인가?

피터 틸을 비롯해 방콕을 찾은 창업가들이 깨달은 점은 2000여년 전 고대 그리스 수학자 아르키메데스가 남긴 말에 바탕을 두고 있다.

"내게 넉넉한 길이의 지레와 지렛목을 준다면, 나는 지구를 들어올릴 것이다."

어느 시스템에든 레버리지 포인트(leverage point: 지레를 사용하여 적은 힘으로 바위를 들 수 있듯이 상황을 반전시키는 작은 변화 또는 효과나 가치를 극대화하는 전략 지점을 의미한다—옮긴이)가 있다. 그게 말 그대로 기계적인 것이든, 우리 삶과 경력처럼 한층 더 복잡한 것이든 간에 말이다. 그런 까닭에 우리는 열심히 일해 때론 성과를 거두기도 하고, 때론 실패를 겪기도 한다.

내 대학 동창들, 그리고 내가 함께 시간을 보낸 창업가들, 이 두 집단을 구분하는 차이는 무엇일까? 사실 대단한 차이는 없는 것처럼 보였다. 두 집단 사람들은 모두 머리가 영리하고 야망이 큰 데다 꿈을 향해 힘껏 뛰고 있었기 때문이다. 하지만 양쪽에 속한 수백 명과 인터뷰를 하거나 함께 일을 해 보니 뚜렷한 차이가 드러났다. 바로 지레와 지렛목을 보다 전략적으로 배치하는 것이 성공 비결이었다. 완전히 새로운 레버리지 포인트를 설정한 것이다.

▌변화에 맞서 싸울 것인가, 변화를 끌어안을 것인가

기술의 급속한 발전과 세계화의 추세로 부를 쌓기 위한 레버리지 포인트에 변화가 생겼다. 돈, 일의 의미, 자유가 중요한 시대가 된 것이다.

지난 100년간의 사회적·기술적 발전은 우리에게 '직업의 종말'을 안겨 주었다. 하지만 과거보다 더 안전하고, 쉽고, 수익성 있게 창업을 할 수 있게 된 것도 사실이다.

세계화는 단지 계속되고 있는 수준이 아니다. 점점 가속화되고 있다. 일례로 2020년이 되면 아르헨티나, 브라질, 중국, 인도, 인도네시아, 러시아, 사우디아라비아, 남아프리카공화국에서 출생한 25~34세의 고학력자 수가 OECD 회원국들(주로 북미와 서유럽에 속한 34개국)에 비해 40퍼센트나 더 많아질 것이다.

교육 수준만 향상된 것이 아니다. 통신기술의 발달로 전 세계 사람들이 서로 연결돼 협력할 수 있게 되었다. 20년 전만 해도 해외에 있는 사람에게 연락하려면 선불전화카드를 들고 비좁은 공중전화

부스를 찾아야 했다. 그런 여건에서 회사를 운영하거나 팀을 관리한다는 것은 여간 어려운 일이 아니었다.

오늘날에는 비교적 저렴한 비용으로 인터넷을 설치하여 스카이프(Skype) 같은 무료 전화 서비스를 이용할 수 있다. 그래서 누구나 역사상 최고의 인재 집단에 접근할 수 있게 되었다. 일자리를 지키기위해 주변 지역에 있는 수십만 또는 수백만 명의 노동력과 경쟁하는게 아니라 전 세계 70억 명과 경쟁하고 있는 셈이다.

이처럼 기술과 기계가 발달하고 세계화가 진행되어 구직 시장에서경쟁이 치열해졌다. 덕분에 사업하는 사람들에게는 유리한 환경이조성되었다. 사업가들은 창업비용을 낮추고, 새로운 시장을 개척하며, 새로운 유통망까지 형성할 수 있게 되었다. 무언가를 만들어 내고 이를 사람들에게 알리는 일이 예전보다 훨씬 더 쉽고 저렴해졌다.

산업 노동은 지난 200년 내내 경제 발전을 위해 필요한 일이었지만, 사람들이 그 일을 꼭 원해서 한 것만은 아니었다. 들판에서 굶어죽느니 공장에서 일하는 편이 더 나았을지도 모른다. 하지만 그렇다고 해서 노동이 꼭 성취에 이르는 길은 아니었다.

고등 교육은 어떨까? 21세기 초반에 이르러서는 대학 입학이 위험한 계획으로 인식되기 시작했다. 왜 곧바로 일에 뛰어들지 않고 값비싼 학위를 따기 위해 4년을 투자할까? 20세기를 지나는 동안 대학과 대학원 과정이 직업을 얻는 확실한 길로 부각된 것처럼, 이제는 사업가로서의 길, 창업가정신을 고취하는 사회적 경로가 일자리를 창출하는 명쾌한 해법으로 인정되고 있다.

자유와 의미를 가져다줄 뿐 아니라 수익성까지 있는 일에 대한 근본적인 욕구를 충족시켜 줄 기회는 상상 이상으로 많다. 앞으로 소개할 이야기는 자기 자신만의 비즈니스를 창출해 가는 일이 의미 있고 자유로운 삶을 만끽하게 해 주는 것은 물론 부를 늘리게 해 주는 길이라는 것을 분명히 보여 준다.

다만, 그와 관련하여 감당해 내야 할 일들이 수없이 많다.

창업은 심리적 도전, 감정적 부담, 육체적 소모가 심한 일일까? 가끔은 그렇다.

창업은 그 모든 것을 감당할 만한 가치가 있는 일일까? 내가 만나 본 창업가들은 거의 대부분 그렇다고 말한다.

이제 우리는 이 책에서 그와 같은 트렌드, 그것을 특징짓는 레버리지 포인트가 무엇인지, 당신과 당신이 사랑하는 사람들의 삶 속에서 자유와 의미를 확대하면서도 부를 창출할 수 있는 방법은 무엇인지 살펴볼 것이다. 변화에 맞서 싸울 것인지 변화를 끌어안을 것인지는 모두 당신에게 달려 있다. 영원한 기회는 없다.

Part 1

직업의 시대가
끝나 가고 있다

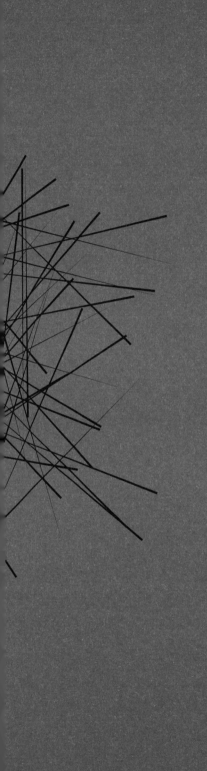

The
End
of

Jobs

2011년이었다. 내 유튜브의 재생 목록은 배우 스티븐 콜베어 (Stephen Colbert)의 동영상에 고정되었다. 동영상에는 콜베어가 노스웨스턴 대학 학위 수여식에서 연설하는 장면이 담겨 있었다. 졸업생들이 지난 수십 년 동안 이어져 온 최악의 구직 시장에 뛰어들어야 하는 상황이었다. 히죽히죽 웃음이 나와 오른쪽이 주름지는 얼굴이 내 노트북 화면에 비쳤다.

오늘 영예로운 학위 수여자들과 함께 이 자리에 서 있으니 몸 둘 바를 모르겠습니다. 국제 인권법 전문가 윌리엄 샤바스 교수님은 (…) 구직 시장에 들어가는 여러분을 비정하게 내버려둔 노스웨스턴 대학을 조사하러 이곳에 오셨습니다.

당시는 내가 북미와 유럽 사회에 급속히 늘어나던 계층의 대열에 막 동참하던 시기였다. 나 역시 그들처럼 대학을 졸업하고도 직장을 구하지 못했다. 그래도 그들과 비교했을 때, 나는 꽤나 운이 좋았다. 다른 미국인 구직자들과 달리 부모님을 화나게 하지만 않으면 됐기 때문이다. 두 분의 심기를 건드렸다면 집에서 쫓겨났거나 식비와 주유비 지급이 중단되었을 것이다.

그럼에도 테드 토크(TED Talk) 같은 동영상 강의 사이트에 들어가 봤거나 과학기술의 현 수준과 미래를 다룬 기사를 접해 본 사람들 중에는 영감이 샘솟고 기분이 들뜨는 이들도 있을 것이다. 지금껏 우리가 이토록 많은 기회를 접한 적은 없었기 때문이다. 게다가 우리가 너무 무력하여 그 기회를 붙잡을 수 없을 거라고 느끼는 것도 아니다.

한편으로는 우리가 저주를 받았다는 생각이 드는 것도 사실이다.

다른 한편으로는 우리가 아주 흥미로운 시대를 살고 있다는 생각이 드는 것도 사실이다.

확실히 그런 시대를 살아가고 있다.

2008년 말 미국 발 금융위기로 5조1000억 달러에서 7조 달러의 부가 증발했던 이야기를 누구에게서 듣는가에 따라 다를 것이다. 단일 분기 사상 최대 가치가 증발한 사건이었다.[1] 당시 연방정부가 왜 월스트리트 은행가들을 구속시키지 않는지 항의하는 사람들이 로어 맨해튼에 몰려들어 진을 쳤다. 많은 이들이 이 사건을 단발적인 것으로 바라봤지만, 사실 그 여파가 장기간 지속되었다는 점에서 주목할 만한 사건이다.

그런데 이 대목에서 스티브 잡스(Steve Jobs)가 남긴 말을 생각해 볼 필요가 있다. "당신이 삶이라고 일컫는 주변의 모든 것들은 당신보다 똑똑하지 않은 사람들이 만든 것입니다. 당신은 그것을 변화시키고 그것에 영향을 미쳐 다른 사람들이 이용할 수 있는 당신만의 무언가를 만들 수 있습니다. 그 진실을 깨닫는 순간 당신의 삶은 영원히 바뀔 것입니다."[2]

분명 오늘날 개개인들은 자신의 삶과 현실을 설계해 나가는 데 있어 과거 그 어느 때보다도 좋은 능력을 가지고 있다. 하지만 나는 생각이 달랐다. 창업가나 지인을 만나고 올 때면 늘 이렇게 생각하곤 했으니까. '나보다 나을 것도 별로 없네 뭐.' 나보다 많은 경험을 가진 사람들이 창업 과정에서 중대한 실수를 저지르기도 했다. 그리 어려운 일로 보이지 않았는데 말이다.

지금 앉아 있는 의자를 생각해 볼까? 어쩌면 당신은 그것보다 더 좋은 의자를 설계할 수 있을지도 모른다. 민알의 지미와 더그가 했던 일이 바로 그런 것이다. 두 사람은 상품 디자인이나 제작을 전혀 해 보지 않았던 사람들이다.

지금 읽고 있는 이 책은 어떨까? 당신이 이보다 더 좋은 책을 쓸 수도 있다. 창업가이자 작가인 제임스 알투처(James Altucher)는 『과감한 선택Choose Yourself』을 혼자 힘으로 출판하여 수만 권의 판매고를 기록했다. 20년 전만 해도 대형 출판사를 통하지 않고 그토록 많은 판매부수를 기록한 적은 없었다.

현재 참여하고 있는 수업은 어떤가? 당신은 그보다 더 유익한 온라인 강의를 개설할 수 있다. 환경 관련 컨설팅 일을 하고 있다면, 해당 분야 최고의 환경 컨설팅 기업에 채용될 수 있는 방법을 주제로 강의를 만들 수 있다. 혹은 영양사로 일하고 있다면, 건강한 식습관을 유지하기 위한 한 달 계획을 주제로 강의를 진행할 수 있다.

유리한 조건에서 성공할 수 있는 좋은 기회가 우리를 기다리고 있었다면, 왜 어느 누구도 무정하게 우리를 구직 시장에 내보낸 학교를 조사하지 않고 가만히 놔뒀을까?

▌시스템을 따를 것인가, 시스템을 창출할 것인가

'직업'이라는 말을 모르는 사람은 없다. '직업'이라고 하면, 회사 사무실 칸막이 한쪽에 앉아 무표정한 얼굴로 보고서를 빽빽이 채우고 있는 직원의 모습이 떠오른다.

'앙트레프레너(entrepreneur)', 즉 '창업가'라는 말을 모르는 사람도 없다. 페이스북 창업가 마크 저커버그(Mark Zuckerberg)나 애플의 공동 창업가 스티브 잡스가 떠오르지 않는가?

분명한 것은 두 개념 사이에 큰 차이가 있다는 것이다. '직업'과 '창업'을 명확히 구분하는 기준은 무엇일까? 세스 고딘(Seth Godin)은 『린치핀Linchpin』에서 "당신은 없어서는 안 될 사람인가?"라고 질문을 던지면서, 린치핀 즉 '핵심적인 인물'이란 바로 이런 사람이라고 설명한다. "혼란 속으로 걸어 들어가 질서를 창조하는 개인, 발명하고 연결하고 창조하고 실현하는 사람." 세스 고딘의 말을 빌려 창업과 직업 개념을 다음과 같이 단순화해 보자.

- 창업: 시스템을 고안, 창출, 연결하는 것. 비즈니스, 아이디어, 사람, 프로세스 등이 포함된다.
- 직업: 다른 누군가가 만들어 놓은 시스템에 따라 일하는 것.

창업가가 회사 지분을 보유하는 경우도 있고 아닌 경우도 있다. 20세기 최고의 경영학자이자 컨설턴트라고 할 만한 피터 드러커 (Peter Drucker)는 대기업의 최대 주주는 아니었지만 위 정의로 볼 때 창업가였다. 반면 이사회나 주주의 이익을 대변하고 그들의 지시를 무작정 따르는 CEO는 창업가로 볼 수 없다. 스스로를 창업가라고 부를지는 몰라도, 그는 단지 직업을 가지고 있을 뿐이다. 이에 비해 아직은 다른 사람에게서 임금을 받고 일하지만 일찍이 창업을 꿈꾸며 목표를 향해 한 걸음씩 나아가는 사람들도 있다. 이들이야말로 진정한 창업가정신을 가진 사람들이다. 그들이 창업가가 되는 과정은 2부에서 자세히 다룰 것이다.

▌일자리는 정점을 찍었다

사회적으로 볼 때 일자리는 정점을 찍었다. 20세기 후반을 특징 지었던, 대체로 고임금의 일자리가 풍부했던 시대는 이미 지나갔다. 1983년 이래 '일자리' 부문에서는 '비정형적 인지업무(Non-Routine Cognitive Jobs)'가 유일하게 현저한 성장세를 보였다.

2015년 벤처 캐피털 회사 클라이너 퍼킨스 코필드 & 바이어스(Kleiner Perkins Caufield & Byers)가 미국 인구통계국의 자료를 기준으로 발표한 보고서에 따르면, 1948년부터 2000년까지 일자리가 인구보다 1.7배 빨리 성장했다. 하지만 2000년 이후부터는 인구가 일자리보다 2.4배 빨리 성장했다.[3]

문제는 이런 상황에서 개인이나 사회가 모두 잘못된 질문을 던지고 있다는 것이다. "어떻게 해야 일자리를 얻을 수 있을까?" 이보다는 차라리 이렇게 묻는 것이 나을 것이다. "어떻게 해야 일자리를 창출할 수 있을까?"

그런데 정치인이나 대기업 CEO들이 입버릇처럼 내놓는 말인 '일자리 창출'을 지금 이 책을 읽고 있는 당신이 당장 실행할 수 있는 일로 인식한다면 어떨까? 분명한 건 지금 우리가 일자리의 정점에 서 있으며, 직업의 종말에 다가가고 있다는 점이다. 그렇게 볼 만한 3가지 이유가 있다.

1. 지난 10년간 통신기술이 급격히 발달했고 전 세계 교육 수준이 향상되었다. 이는 기업들이 특정 지역이나 국가를 넘어 어디서나 필요한 인력을 고용할 수 있게 되었다는 것을 의미한다. 일자리가 줄어들 수밖에 없는 상황이다.

2. 오늘날 하드웨어와 소프트웨어를 불문하고 기계가 노동자들의 작업장을 빼앗는다는 생각이 널리 확산되고 있다. 최근에는 기계가 사무직 종사자들의 지식 기반 일자리까지 빼앗아 가고 있다.

3. 전통적인 대학 학위(학사, 석사, 박사)가 너무 흔해져서 예전에 비해 가치가 낮아졌다.

위 3가지 측면 중 특히 세 번째 변화와 관련하여 애틀랜타 소재한 로펌을 예로 들어 보자. 이 회사는 모든 직원들에게 대학 학위를 요구한다. 심지어 문서 정리만 하는 직원이라도 대학 학위를 가지고 있어야 한다. 고용주가 지배적인 힘을 발휘하는 구매자 중심 시장이기에 가능한 일이다.

『뉴욕타임스New York Times』에 소개된 사연도 눈여겨볼 만하다. 스물네 살의 랜던 크라이더는 조지아 주립대학을 졸업한 재원이지만, 회사에서 잔심부름 일을 한다. 또 한 사람 메건 파커는 연봉 3만7000달러를 받으면서 그저 회사 접수원으로 일한다. 번 돈은 10만 달러의 학자금 대출을 갚는 데 고스란히 쓰고 있다.⁴ 랜던과 메건의 사례는 이례적인 게 아니다. 두 사람의 사연은 향후 20년간 당신의 경력에 커다란 영향을 미칠 시대적 흐름의 초기 지표가 된다.

이러한 추정이 정말 현실이 될지는 한번 두고 보기로 하자. 만약 현실이 된다면, 중산층 대열에 합류하기 위해, 다시 말해 단지 생계를 유지하는 차원이 아닌 어느 정도 수익을 낼 만큼의 수준에 이르기 위해 해야 할 것들이 있다.

첫 무대는 아시아다.

1

마이크로-멀티내셔널의
시대가 온다

　　얼마 전 여러 곳을 둘러보다 베트남에서 나(NA)라는 여성을 만났다. 그녀는 베트남 현지에 본사를 둔 미국계 기술기업에서 비서로 일하고 있었다. 그녀의 이력은 인상적이었다. 3개국어(베트남어, 일본어, 영어)를 하는 그녀는 일본계 자동차 제조 대기업 사장의 비서로 일한 경력이 있었다. 직장생활에 대한 의욕이 넘쳤던 그녀는 스스로를 위해 야심 찬 목표를 설정했고, 꿈을 이루기 위해 일주일에 60시간에서 70시간을 일하곤 했다. 하지만 내가 그녀를 만났을 때는 호치민에 살면서 고작 1000달러의 월급을 받으며 회사를 다니고 있었다.

　　나는 필리핀에서 현지 컴퓨터 프로그래머 및 디자이너들과 함께 일한 적이 있다. 그들은 모두 웹 개발 준비 단계부터 마무리 단계까지 진행할 수 있는 뛰어난 역량을 가지고 있었다. 또한 디자인 부문에서도 재능이 뛰어났으며 유창한 영어 실력을 자랑했다. 그들이 미국에서 일했다면 첫해부터 연봉 8만2000달러는 받을 법했다. 필리핀에서 입사 자격을 갖춘 사람의 초봉 월급은 대개 700달러에서 1400달러가량 되는데, '특별히' 재능이 뛰어난 개발자들은 이보다 두세 배 많은 월급을 받는다.[5]

이는 어느 한 국가나 지역에 국한된 내용이 아니다. 인도는 IT 전공자들을 매년 100만 명가량, 공대 졸업생을 100만 명 이상 배출하고 있다.[6] 매년 공학 전공자 5만 명도 간신히 배출하는 영국과는 대조적이다.[7] 인도와 중국은 약학, 생명공학, 전기공학, 기계공학 같은 첨단기술 분야에서 미국과 유럽 국가들을 바짝 따라잡고 있다.

2012년 OECD 보고서에 따르면, 2020년 미국과 유럽연합 국가들의 대학 졸업생 수가 전 세계 대학 졸업생의 25퍼센트를 조금 넘는 수준에 머물 것으로 보인다.[8] 전 세계 교육 수준이 향상되면서 대학 졸업생 수가 급격히 증가하고 있기 때문이다.

이제 미국에 인력 아웃소싱 바람이 거세게 불어닥쳤던 1980년대 초반 시기를 떠올려 보자. 그 이전까지의 80년, 20세기의 대부분 기간 동안 유지되었던 2.2퍼센트 임금상승률이 멈춰 버린 시기였다. 세계화와 아웃소싱이라고 하면, 어쩌면 중국 공장으로 그 역할이 빠져나간 블루칼라 공장노동자들이 떠오를지도 모른다. 그런 일은 2001년까지 흔한 현상이었다. 그런데 IT 업체의 거품이 붕괴되면서 2001년 미국 경기가 침체되었을 때, 아웃소싱은 다시 한 번 가속화되었다. 그럼에도 당시의 아웃소싱 확산 현상은 1980년대 사례와 차이가 있었다.

요컨대, 전 세계 교육 수준이 향상되고 통신기술이 발달하면서 주로 육체노동을 하는 블루칼라보다는 소위 화이트칼라 일자리가 아웃소싱되었다. 그래서 컴퓨터 시스템 분석과 소프트웨어 기술 업무 같은 IT 분야의 일자리, 또는 'IT를 활용할 수 있는' 직종(통신판매원과 회계담당자 등)이 주를 이루었다. 순전히 인터넷으로 업무를 하는 직종이라면 심지어 고급 학위가 요구되는 일자리까지도 해외로 빠져나가기 시작했다. 당시의 추세는 그 이후로 단지 지속되는 데 그치지 않았다. 점점 가속화되고 있는 것이다.

▌혁신하는 자, 혁신을 따라가는 자

중국어 '산자이(山寨)'는 제품, 브랜드, 서비스를 모방하고 도용하는 문화와 관행을 뜻하는 말이다. 미국인이자 중국 소비자 전략 전문가인 마이클 자쿠어(Michael Zakkour)가 중국의 산자이 문화에 관한 경험담을 들려주었다.

마이클은 광둥성의 산업도시 둥관을 방문했을 때 하얏트 호텔(Hiyatt Hotel)에 묵게 되었다. 뜻밖에 방을 예약한 마이클은 호텔에 머물며 새로운 사실을 알게 되었다. 알고 보니, 하얏트 호텔(Hyatt Hotel)이 수십 년간 수억 달러를 들여 만든 사명과 브랜드 경험을 한 중국 기업이 도용한 것이었다. 해당 기업은 'Hyatt'에 'i'만 붙여 'Hiyatt'라는 이름으로 아주 적은 비용을 들여 몇 년 동안 사용했다.

이와 관련하여 중국 진출 미국 기업들의 자문을 맡고 있는 댄 해리스(Dan Harris) 변호사는 이런 말을 했다. "외국 기업과 중국 기업 간의 상호작용이 증가하면서 복제품이 늘어나고 있습니다."[9] 신제품이 출시된 후 그와 꼭 닮은 제품이 얼마나 빨리 생겨나는지 생각해 보라. 여행용 가방에 달린 바퀴는 돌이켜 생각해 보건대 수십 년에 걸쳐 완성된 것이다. 하지만 지금은 매우 흔해졌을 뿐 아니라 금세 복제된다.[10]

이미 설정된 방향대로 일을 진행할 때보다 처음으로 뭔가를 시도하는 일이 얼마나 힘들고 복잡한지 우리는 대수롭지 않게 생각하는 경향이 있다. 처음부터 새로운 것을 창조하고 혁신하는 일보다 기존 기술을 세상에 퍼뜨리고 다른 영역으로 확산시키는 일이 훨씬 더 쉽다. 예컨대 나이키가 연구개발에 수년을 바쳐 신제품을 출시하면 '짝퉁' 제조업체가 10분의 1 비용으로 몇 주일 만에 이를 모방해 재생산해 낼 수 있다. 중국 현지 사람들과 대화를 나눠 보니 그런 일은 아주 흔했다. 하지만 현재 우리가 당연시하는 기술들은 처음부터 믿기 힘들 만큼 어려운 과정을 거치며 개발된 것들이다.

20세기 이전에만 해도 오늘날 우리가 알고 있는 경영원칙이나 경영자라는 개념은 존재하지 않았다. 그러다 20세기 초 경영학의 아버지라 불리는 프레더릭 윈슬로 테일러(Frederick Winslow Taylor)가 과학적 관리(scientific management)를 창안하기에 이른다. 후일(1974년) 피터 드러커는 자신의 저서에서 테일러의 업적을 이렇게 평가했다. "지난 75년간 엄청난 풍요의 물결을 일으켰고, 이는 선진국 근로 대중의 지위를 그 어느 때보다도 높이 끌어올렸으며 부유층까지도 성장하게 만들었다."[11]

테일러가 주창한 과학적 관리는 노동자 개인의 경험에 의존하던 방식을 과학적 방식으로 대체하도록 구성되어 있다. 이를테면 업무의 과학적 효율화, 직원 선발, 각 작업자에 대한 지도와 감독, 분업 같은 것들이다.

지금 이 책을 읽고 있는 당신은 이렇게 반응할지도 모르겠다. "에계, 뭐 별거 없잖아." 그러나 직장 경력이 있거나 최소한 TV에서 조직 생활을 간접적으로라도 경험해 본 이들 중에 경영 관리에 관한 책을 하나라도 읽어 본 사람이라면 테일러의 과학적 관리법이 조직 내 인원을 관리하는 데 과학적 원칙을 적용한 탁월한 이론이라고 말할 것이다. 이를테면 친인척이나 지인들 위주로 직원을 고용하는 것은 상식에 어긋나는 일이다. 그들보다 더 유능한 지원자를 모집할 수 있으며, 입사지원자들의 이력서를 철저히 검토하여 업무에 가장 적합한 사람을 체계적으로 선별할 수 있다. 이처럼 조직 관리에 과학적 원칙을 적용하는 기업이 지인, 친인척 등을 고용하는 기업보다 성공할 확률이 훨씬 높다.

100년 전에만 해도 과학적 관리가 엄청난 혁신이었다는 것만은 분명한 것 같다. 당시 테일러가 과학적 관리법을 고안하여 체계화하기까지 수십 년이 걸렸다. 덕분에 지금은 신흥 아시아 국가에서도 수많은 대학생들이 학위 과정에서 과학적 관리법의 모든 이론을 습득한다. 중국과 인도 등의 국가들은 기술의 세계화에 발맞춰 믿을 수 없을 정도의 전문성을 확보했다. 이제는 경영 이론을 정립하거나 신제품을 개발한다고 수십 년을 투자하지 않아도 된다. 관련 분야의 책을 참고하거나 이미 정립되어 있는 이론을 현지 상황에 맞게 적용하기만 해도 되는 것이다.

▌통신기술의 발달이 몰고 온 비즈니스 세계의 변화

20년 전 유럽을 여행했던 친구가 과거를 회상했다. 친구는 공중전화 부스를 비집고 들어가 10달러짜리 전화카드를 전화기에 삽입하고 접속을 요청하고 나서야 미국에 있는 사람과 30분을 통화할 수 있었다고 한다. 그런데 얼마 전 아시아를 여행한 그 친구는 20년 전과는 전혀 다른 방법을 사용했다고 한다. 카페에서 점심을 먹는 동안 무료 와이파이에 접속해 무료 인터넷 전화인 스카이프로 미국에 전화를 걸었다.

해외로 일자리가 빠져나가는 현상 역시 동일한 맥락에서 이해할 수 있다. 통신기술이 발달한 덕에 지역에 상관없이 손쉽게 인재를 물색하고 직원을 고용·관리할 수 있게 되었다.

오래전 과거로 돌아가 수제 맥주 전문 잡지를 출간하기 위해 편집자를 모집해야 하는 상황을 상상해 보자. 우선 지인들에게 소식을 알려야 한다. 인근의 취업 게시판에 광고를 게재해야 할지도 모른다. 그러고 나서 취업을 준비 중이며 편집자로서의 자질이 뛰어난데다 수제 맥주에 관한 지식을 갖춘 사람이 연락해 오길 기다린다.

그렇다면 지금은 어떨까? 이랜스(Elance), 업워크(UpWork), 피플퍼아

위(People per Hour), 프리랜서닷컴(Freelancer.com) 등의 고용 사이트를 이용해 세계 각지의 전문 인력을 고용하고 관리할 수 있다. 이 업체들은 직원을 구하는 고용주들에게 전문직 종사자들을 연결시켜 준다. 아마존닷컴(Amazon.com)이 우리가 접해 보지 못했던, 지구상에 존재하는 거의 모든 종류의 물품을 소개하듯이, 참신한 취업 알선 플랫폼들은 고용주들이 그간에 만나 보지 못했던 전 세계 인재들을 선발할 수 있도록 해 준다.

통신기술이 발달하지 않았던 과거에도 수제 맥주에 대한 지식을 갖춘 채 일자리를 구하는 유능한 편집자들이 상당히 많았을 것이다. 하지만 당시에는 그런 인재를 찾는 것이 여간 어려운 일이 아니었다. 지금은 그들을 검색하고, 더 나아가 '편집'과 '수제 맥주' 관련 이력을 가진 사람을 선별하여 찾아낼 수 있게 되었다.

통신기술의 발달은 직원 고용을 수월하게 만들었을 뿐 아니라 원격 팀을 관리하고 그들과의 협업을 용이하게 해 주었다. 언제, 어디서나 온라인 화상회의가 가능해진 것이다. 예를 들어 스카이프가 2003년 무료 영상통화 시대를 열었으며, 뒤이어 구글 행아웃(Google Hangout)과 고투미팅(GoToMeeting) 같은 소프트웨어가 개발되었다. 이에 인터넷이 연결된 환경에서 스마트폰만 있으면 누구와도 화상통화를 할 수 있게 되었다. 2015년 전 세계 스마트폰 사용자가 17억 5000만 명에 달했고 그 수가 급격히 늘어나고 있다는 사실만 보더라도 시대의 변화를 실감할 수 있다.

그 밖의 많은 기업들이 원격 통신관리 사업에 속속 뛰어들었다.

일례로 2013년 미국에서 설립된 기업형 메신저 업체 슬랙(Slack)은 사업 진출 18개월 만에 기업 가치 10억 달러를 달성했다. 슬랙 메신저는 협업을 간단하고 쉽게 해 주는 애플리케이션으로 마치 팀 대화방 같은 기능을 한다. 이 회사의 성장은 그런 종류의 플랫폼에 대한 수요가 얼마나 많은지를 방증해 준다.

▌마이크로-멀티내셔널의 부상

지금 다니는 회사 혹은 현재 몸담고 있는 업종이 위 개념에 접목되지 않는다고 생각한다면, 어떤 유형의 고용주들이 현재 관련 기술에 접근하고 있는지 들여다볼 필요가 있다. 지금으로부터 대략 10여 년 전인 2005년에만 해도 직원 수 500명 이상의 대기업에서나 유용했던 기회들이 이 책을 쓰는 지금 직원 수가 소수인 중소기업에서도 쓸모 있게 되었다. 이를테면, 정규 직원 수가 12명 미만이고 직원들 대부분이 해외 각지에 배치되어 있어도 거대 기업들이 주로 사용하는 서비스를 이용할 수 있다. 이처럼 오늘날 주목받는 글로벌 비즈니스의 새로운 형태를 '마이크로-멀티내셔널(micro-multinational)'이라고 한다.

사례를 하나 들어 보겠다. 로스앤젤레스 출신의 사업가 제시 롤러는 이블 지니어스 테크놀로지(Evil Genius Technologies)와 팟캐스트 팝(Podcast Pop)이라는 소프트웨어 개발 회사를 운영하며 인터넷 방송 운영자들을 위한 애플리케이션을 제작하고 있다. 그런데 로스앤젤레스에 위치한 회사에는 직원이 미국인 근로자 두 명밖에 없다. 제시가 거주하는 베트남에 그의 팀 절반이 근무하고 있으며 나머지는 영국, 인도, 필리핀 등 전 세계 각지에 거주하고 있다.

이런 여건에서도 제시는 자신의 팀을 조직화하여 세계 최고의 기업으로 성장시킬 수 있다. 미국에 소재한 고객지원팀과 영업팀은 고객들을 관리하고 있고, 베트남에 소재한 개발팀은 현지의 고급 컴퓨터 프로그래밍 인력들을 활용할 수 있다. 베트남 현지 생활비 수준만 보더라도 미국과 유럽 출신들을 고용할 때보다 훨씬 더 유리한 조건이다.

이런 상황이 형성된 데에는 이유가 있었다. 대략 15년 전 일본계 소프트웨어 기업들이 베트남 현지 대학들에 투자한 덕분에 제시 같은 사업가들이 베트남에 진출하여 잘 훈련된 현지 인력들을 활용해 확연히 높은 가치를 실현할 수 있게 되었다.[12]

만약 제시가 미국에서만 사업을 했다면, 개발자를 기껏해야 한두 명 고용할 수 있었을 것이다. 미국에서는 소규모 업체들이 고용·관리 비용을 감당하기가 만만치 않다. 직원 급여에 들어가는 비용 또한 베트남에서 사업을 할 때보다 서너 배 이상 많이 들어간다. 이에 제시 같은 고용주들은 소위 '글로벌 인재 풀(Global Talent Pool)'에 접근하고 있다.

내가 2년 동안 함께 일했던 한 업체도 비슷한 조직구조였다. 해당 업체는 캘리포니아에서 부동산이 비교적 저렴한 한 지역에 창고를 설치했다. 영업 부서와 고객지원 부서는 샌디에이고 시내에 두었다.

그 밖에 웹마케팅 부서는 필리핀과 베트남에, 생산 부서는 중국에 설치했다. 그와 같은 조직구조는 내가 몸담았던 업종의 여러 기업들에게도 강력하고, 지속 가능하며, 경쟁력 있는 이점을 가져다주었다.

우선 아시아 지역 국가의 하도급 업체들과 업무 계약을 맺고 현지 직원들을 고용함으로써 우리는 경쟁 업체들보다 훨씬 더 유리한 조건에서 가장 효과적인 온라인 마케팅을 발전시킬 수 있었다. 또한 중국 생산이 가져다주는 비용 우위 덕분에 우리는 일거양득의 효과를 거둘 수 있게 되었다. 다시 말해 최고 수준의 품질을 유지하면서도 품질이 더 열등한 경쟁 업체들보다 가격 경쟁력에서까지 앞설 수 있게 된 것이다. 요컨대, 많은 기업들이 적자에 허덕였던 시기에 우리는 그와 같은 경쟁 우위에 힘입어 두 자릿수의 성장을 실현하게 되었다.

오늘날 우리는 동남아시아, 남미, 동유럽 국가에서 잘 훈련된 인력을 쉽게 구할 수 있게 되었다. 이런 경향이 날이 갈수록 확산되는 상황에서 현지 노동자들은 자국에서 적절한 임금을 받아 수준 높은 생활을 영위하고 싶어 한다. 그런데 그들이 미국이나 유럽 국가에서 일한다면, 처음부터 그보다 훨씬 낮은 수준의 임금을 받을 수밖에 없다.

소통방식과 문화의 차이가 여전히 존재하고 이러한 경향이 전 세계로 확산되기까지 어느 정도 시간이 걸릴 테지만, 그럼에도 예상보다 훨씬 더 빨리 진행될 가능성이 크다. 그러나 현재의 경향을 파악하지 못한 기업들도 많다. 마이크로-멀티내셔널 기업들은 이미 실현

해 나가고 있지만, 여타 기업들이 지금의 흐름을 쫓아가기까지는 약간 시간이 걸릴 것이다. 그럼에도 생산성 측면에서 엄청난 이점이 있기에 그 시간은 단축될 것으로 보인다.

한 가지 당부하고자 한다. 그런 사업방식이 착취적이고 부당하다고 생각할지 모르겠다. 나 역시 분명히 그런 생각을 한 적이 있다. 때에 따라 분명히 그러한 경우가 있다. 그럼에도 한번 숙고해 보라고 권하고 싶다. 정의와 공정(모든 것이 신중히 관리되고 있음을 뜻하는, 겉보기에는 세상에서 가장 고귀한 개념들)이 현실에서는 얼마나 모호한 개념인가?

마이크로-멀티내셔널 방식의 공정성에 대해 어떻게 생각하든지 간에 그것은 매우 현실적인 개념이다. 우리 삶에 미치는 영향 또한 지극히 현실적이다. 우리의 일자리가 부당하고 불공정하게 해외로 빠져나갔다 해도, 그것은 이미 벌어진 일이다. 부차적인 일을 두고 탄식할 게 아니라 현실을 받아들이고 개선하려 노력하는 것이 좀 더 효과적이다.

상황을 개선하는 최선의 방법은 엄격한 윤리 기준을 가진 개개인이 영향력을 획득해 더 나은 시스템을 구축하는 것이다. 민주주의가 독재보다 더 공정하고 정당한 이유는 무엇일까? 민주주의 국가의 정치인들 자체가 독재자들보다 더 공정하고 정당한 태도를 지녀서일까? TV 뉴스를 잠깐 보더라도 그런 관념이 잘못되었다는 생각이 들 것 같다. 사실 민주주의가 독재보다 더 공정한 이유는 권력이 잘 분배된다는 데 있다.[13] 민주주의 국가에서 대통령이 권력을 탐하는 사악한 짓을 한다면 탄핵될 수도 있다. 지금 시대에는 사악한 독재자가 발을 붙일 곳이 별로 없다. 나중에 자세히 살펴보겠지만, 오늘날 권력에 대한 접근과 분배가 과거에 비해 용이해졌다는 점이 다행이다.

앞을 내다볼 줄 알고 식견이 뛰어난 고용주(장차 고용주가 될 당신)라면 시세보다 높은 임금을 줘서라도 괜찮은 직원들을 고용해 그들을 팀의 핵심 인력으로 성장시킬 것이다. 그런 고용주는 수준 이하의 고용주 밑에서 일할 수밖에 없었던 사람들을 위해 일자리를 창출하고 있는 셈이다. 장기적인 관점에서는 그것이 성공 가능성을 높이는 전략이다. 최저 임금을 지급하고 직원들에게 인색하게 구는 기업들은 수익을 손쉽게 얻을지 몰라도 미래가 별로 밝지 않다.

2

소프트웨어가
세상을 집어삼키고 있다

벤처 캐피털 기업들은 그들만의 투자 논리, 투자 전략으로 업계에 이름을 알린다. 그것은 수십억 달러의 투자를 이끌어 내는 간단한 문구들이다. 마크 안드레센(Marc Andreessen)과 벤 호로위츠(Ben Horowitz)가 창립, 2014년 3월 기준 40억 달러의 투자펀드를 운영한 안드레센-호로위츠(Andreessen-Horowitz)는 다음 문장을 거울삼아 사업을 운영한다.

'소프트웨어가 세상을 집어삼키고 있다(Software is eating the world).'

그들이 수십억 달러를 투자하기까지 지침으로 삼은 이 문장에는 어떤 의미가 담겨 있을까? 안드레센-호로위츠가 확신하는 트렌드는 새롭고 파괴적인 것으로 들릴지도 모른다. 그럼에도 그것은 수백 년간 일어난, 누구나 잘 알고 있는 과정의 다음 단계에 지나지 않는다. 바로 '기술 혁신'이다.

현재 주요한 사업과 산업들(이를테면 영화를 비롯해 농업과 국방에 이르기까지)이 인터넷과 연결된 소프트웨어에 의해 운영되고 있다. 20년 전으로 거슬러 올라가 보자. 당시에만 해도 비싼 수수료를 내지 않고 해외에 있는 친구에게 돈을 부치려면, 돈을 은박지에 싸서 봉투에 넣고는 우체국 직원이 내용물을 살펴보거나 다른 누군가가 돈을 훔치지 않길 바라는 게 유일한 방법이었다. 그렇게 하지 않으면 웨스턴 유니언(Western Union) 같은 송금업체를 찾아가 터무니없는 수수료를 지불하고서야 돈을 보낼 수 있었다. 하지만 이제는 페이팔(Paypal) 같은 온라인 결제 서비스가 탄생하면서 마우스 클릭 한 번으로 그 모든 시나리오가 사라지게 되었다.

날이 갈수록 기술이 우리 삶에 중대한 영향을 미친다는 개념은 이제 새로울 것도 놀라울 것도 없다. 뭔가 새로워졌다고 한다면, 그것은 해당 기술의 적용 범위와 규모, 그리고 변화의 속도일 것이다.

1980년 미국 최대 전화통신 회사 AT&T는 세계적으로 유명한 경영컨설팅 업체 맥킨지(McKinsey&Co)를 고용하여 2000년 미국의 휴대전화 사용자 수가 얼마나 될지 예측했다. 그들이 실시한 대규모 연구조사에 따르면, 휴대전화 사용자 수는 대략 90만 명에 이를 것으로 예측되었다. 하지만 막상 2000년이 되자 실제 사용자 수는 1억 명에 이르렀다. 예측치보다 120배나 벗어났다.[14]

인터넷 덕분에, 또 휴대전화 사용자 수가 날이 갈수록 늘어났기 때문에 산업의 변화에 필요한 모든 기술이 지금은 전 세계적으로 가용하게 되었다. 광대역 인터넷 사용자 수는 2004년 초 5000만 명에서 10년 후인 2014년 20억 명 이상으로 늘어났다. 여러 예측 자료에 따르면, 다음 10년 동안 무려 전 세계 50억 명이 스마트폰을 사용하고, 지구상의 거의 모든 사람들이 매일, 하루 종일 인터넷에 접속할 수 있을 것으로 보인다. 이전의 예측 기록을 하나의 지표로 삼는다면, 그 수치는 예상보다 훨씬 더 빨리, 훨씬 더 높은 수준에 이를 것이다.

정치적으로 온당한 것은 아닐지 모르지만, 다음 『뉴욕타임스』 기사가 의미하는 바를 살펴보자.

1967년 자동회계시스템을 홍보하는 한 광고는 기업들이 인간을 '일을 멈출 수도 없고, 망각할 수도 없고, 혹은 아이를 가질 수도 없는' 자동화시스템으로 대체해야 한다고 강조했다. 주류 경제전문지가 게재한 이 광고에서 임산부로 보이는 한 여성이 출산 축하 선물을 들고 웃으며 사무실을 나서는 모습은 '당신 자신의 이익을 위해 너무 많이 아는' 고용인들에 대해 경고했다. ― '당신의 이익'은 고용주의 이익을 의미한다. 왜 인간에게 의존해야 할까? '앨리스가 떠나면서 당신의 빌링 시스템(billing system: 요금 청구 처리 전산시스템―옮긴이)을 가져가게 될까?' 광고에서는 힐난하듯이 물었다. 그러면서 '앨리스'를 다른 사람으로 대체하는 것만으로는 해결할 수 없는 문제라고 강조했다.[15]

이런 움직임은 오래전부터 너무 과소평가된 경향이 있다. 대표적인 예로, 2001년 미국 최대 서점 체인 보더스(Borders)가 온라인 사업을 아마존에 넘기기로 했는데, 온라인 도서 판매가 '전략상 중요하지 않고 하찮은' 일이라고 믿었기 때문이다. 이런 안타까운 일이 어디에 있겠는가!

아마존은 현재 세계 최대 온라인 서점이자 소프트웨어 기업으로 대단한 위상을 쌓았다. 보더스가 파산의 고통을 겪는 동안 아마존은 처음으로 종이 책을 대신하는 킨들(Kindle) 전자책을 널리 알렸다. 오늘날 전자책 그 자체는 기계이자 데이터·하드웨어·소프트웨어의 조합이라고 할 수 있다.

우리는 거의 모든 업종에서 동일한 트렌드를 따라갈 수 있다. 최근 찾아볼 수 없는 비디오 대여점은 1990년대에 인기를 끌었다. 누구나 한 번쯤 대여점에 들러 비디오를 빌린 적이 있을 것이다. 그렇다면 언제부터 비디오 대여점에 발길을 끊었는가? 넷플릭스(Netflix) 같은 온라인 스트리밍 서비스가 블록버스터 시장을 기습 공격한 이후부터일 것이다. 음반 판매점에서 앨범을 구입했던 기억은 어떤가? 아이튠즈(iTunes), 스포티파이(Spotify), 판도라(Pandora) 같은 음악 스트리밍 서비스가 2004년 2퍼센트에서 2010년 29퍼센트까지 음반 시장을 점유한 이후부터 우리는 음반 판매점에 발길을 끊었다.

요즘에 코닥 필름 카메라로 찍은 사진을 볼 수 있을까? 셔터플라이(Shutterfly), 스냅피시(Snapfish), 플리커(Flickr) 등 전문 사진 공유 서비스가 그 자리를 대신하면서 코닥의 필름 기술은 자취를 감춘 것으로 보인다. 또한 세계 최대 인맥 사이트인 링크드인(LikedIn)은 기업의 채용담당자들이 해 왔던 일을 잠식하고 있다. 그보다 더 전통적인 형태의 기업과 업종도 사라지고 있다. 월마트(Wal-Mart)와 페덱스(FedEx)는 주로 소프트웨어 및 내부 프로세스에 의해 돌아가는 물류 업체들과 연계하고 있다.[16] 그러한 수많은 프로세스를 다룰 사람이 필요한 것은 사실이겠지만, 그렇더라도 전통적인 방식이 얼마나 더 오래 유지될 수 있을까?

▌선형적 발전에서 기하급수적 발전의 시대로

1965년의 한 기사에서는 인텔(Intel)의 공동 창업가 고든 무어(Gordon Moor)가 인텔 내부에 일어난 변화를 기술했다. 컴퓨터 성능이 18~24개월마다 두 배씩 증가한다는 내용이었다. 무어의 법칙(Moore's Law)[17]이라고 불리는 이 공식은 반세기 동안 정설로 인정되었다. 이

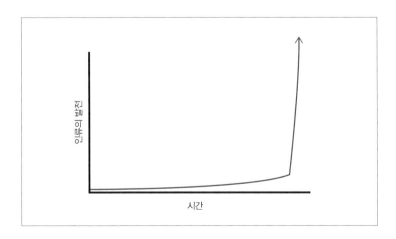

법칙에 따르면 컴퓨터 성능이 18~24개월마다 계속해서 두 배씩 증가하고 가격은 절반으로 떨어질 경우, 우리는 기하급수적 발전을 이루게 된다는 것이다.

1990년 인간 게놈 프로젝트(Human Genome Project)가 시작되고 난 뒤 값비싼 노동력을 투입하고 해당 분야의 석학들을 기용하여 최초로 염기서열 1퍼센트를 밝혀내기까지 무려 7년이 걸렸다. 당시 비평가들은 시간과 비용이 너무 많이 들어간다고 주장하며 저마다 프로젝트를 접어야 한다고 목소리를 높였다. 그런데 다음 염기서열 1퍼센트를 밝히기까지는 7년이 아니라 단 1년밖에 걸리지 않았다. 다음 해에는 그 비율이 두 배로 늘어나 2퍼센트에서 4퍼센트까지 염기서열을 풀어냈다. 이 추세는 계속 이어져 15년 만에 인간 게놈 전체가 해독되었다. 1퍼센트 해독에 7년이 걸린 프로젝트가 15년 만에 끝났다는 것은 프로젝트의 99퍼센트가 그 절반의 시간에 완성되었다는 것을 의미한다.

이 대목에서 맥킨지 사람들, 그리고 인간 게놈 프로젝트의 중단을 원한 사람들이 지구상에서 가장 총명하며 최고 수준의 학력을 자랑하는 사람들이었다는 점을 기억할 필요가 있다. 그토록 잘난 사람들이 기하급수적 발전이 암시하는 바를 눈치채지 못했다. 하지만 그들이 영리하지 못했기 때문이 아니다. 그동안 인간은 지금 우리가 살아가는 곳과 확연히 다른 생물학적 세상에서 선형적으로 진화해 살아왔기 때문이다.

이런 현상이 일자리와 경제에 미칠 수 있는 충격을 생각해 보려면,

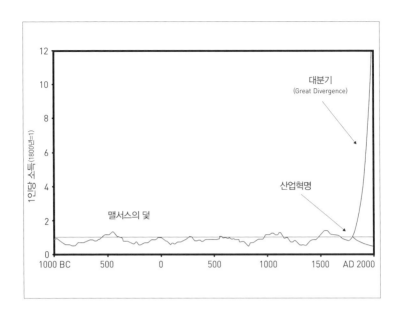

산업혁명이 끼친 영향을 들여다봐야 한다. 산업혁명이 일어나고 나서 대략 200년 동안 소득 증가율이 1~2퍼센트에 그쳤다는 사실을 말이다.

무어의 법칙이 도입된 이래 컴퓨터로 인한 소득 개선율은 40퍼센트에 달했다. 산업혁명 이후 나타났던 소득 증가율의 20~40배 또는 2000~4000퍼센트에 달하는 수준이었다.

소프트웨어가 세상을 집어삼킨다는 관념은 산업혁명이 시작된 이래 일련의 기술 혁신 과정에서 가장 최근에 생겨났다. 18세기와 19세기의 산업혁명에서 20세기의 지식혁명에 이르는 역사는 기술의 확산 및 그에 동반된 성장에 관한 내용이 주를 이룬다.

기술 성장과 세계화는 모두 빠른 속도로 계속되고 있다. 이런 상황에 대처하기 위해 갈수록 많은 사람들이 경력 관리에 시간과 노력을 들이고 있다. 지금부터 그 과정이 어떻게 전개되는지 살펴보자.

3

대학을 졸업해 평범한 직장인이 되는 시대는 끝났다

앤지는 2013년 로스쿨을 졸업했다. 소위 일류 로스쿨은 아니었지만 높이 평가받는 학교였다. 나는 앤지와 함께 햄버거 가게에서 이런저런 얘기를 나누었다. 앤지는 졸업 후 1년을 식당에서 일하고 나서야 '운 좋게도' 연줄이 닿아 로펌에 일자리를 구했다고 말했다. 분명히 주위에 앤지 같은 사람이 한 사람쯤은 있을 것이다.

2008년 금융위기 이래 실업률이 점점 상승해 왔지만, 아르바이트를 전전하며 능력 이하의 일을 하거나 구직을 완전히 포기한 사람들에 대한 관심이 여전히 부족하다. 미국 노동통계국의 발표에 따르면, 2008년의 불황이 끝난 이후 6년이 지나도록 실업률은 여전히 두 자릿수(11.2퍼센트)를 유지했다.[18]

왜 불황 이후 6년 동안 그토록 많은 사람들이 일자리를 구하지 못하고 있을까? 우리는 이미 두 가지 이유를 밝혔다. 상당수의 일자리가 해외로 빠져나가거나 기계로 대체되고 있기 때문이다. 그래도 학력이 높은 사람들에게는 일자리가 많이 열려 있지 않을까 생각하겠지만 현실은 정반대다. 대학 졸업생 수는 1940년대 이래 꾸준히 상승해 왔으며 사상 최고치를 기록하고 있다. 그렇다면 왜 그들은 대학 졸업장을 가지고도 일자리를 구하지 못하고 있을까?

뉴욕연방준비은행(Federal Reserve Bank of New York)이 발표한 논문에서는 고학력 실업자가 늘어나고 있는 현실과 관련해 이렇게 언급하고 있다. "막 인생의 첫발을 내딛는 개인들은 대개 노동시장으로 이행하기까지 시간을 필요로 한다. 그런데도 실업자나 '능력 이하의 일을 하는 사람들' 비율이 특히 2001년 경기침체 이후 상승했다."[19]

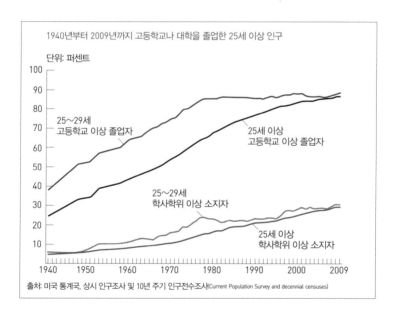

1940년부터 2009년까지 고등학교나 대학을 졸업한 25세 이상 인구

단위: 퍼센트

25~29세 고등학교 이상 졸업자

25세 이상 고등학교 이상 졸업자

25~29세 학사학위 이상 소지자

25세 이상 학사학위 이상 소지자

출처: 미국 통계국, 상시 인구조사 및 10년 주기 인구전수조사(Current Population Survey and decennial censuses)

이는 애틀랜타 소재 로펌에서 일하는 랜던과 메건 같은 사람에 관한 이야기다. 두 사람이 일하는 회사는 모든 직원에게 대학 학위를 요구한다. 심지어 문서정리 업무를 하려고 해도 대학 졸업장을 가지고 있어야 한다. 회사가 고용주들을 위한 구매자 중심 시장에 있기 때문이다.[20]

우리는 기본적인 대학 학위만으로도 충분했던 지점을 지나 버린 것일까? 이제는 대학원 학위가 필요해진 걸까? 하지만 대학원 학위로도 충분치 않은 경우가 있다. 미국 전국법률직업협회(National Association for Law Placement)는 로스쿨 졸업자들의 총 취업률이 2014년 84.5퍼센트를 기록하며 6년 동안의 하락세를 이어 갔다고 발표했다. 로스쿨 졸업자 수가 법률가에 대한 수요보다 더 빨리 늘어나고 있기 때문이다.[21]

랜던과 메건의 사연이 보여 주는 것처럼 일자리를 충분히 구할 법한 고급 학위 보유자라 해도 이력을 제대로 인정받지 못하는 경우가 많다. 학위의 가치는 계속 떨어지고 있다. 이와 관련하여 미국 임금 정보 사이트 페이스케일(PayScale)은 2012년 온라인 임금 비교 프로그램을 통해 MBA 출신들의 임금 데이터를 수집했다. 연구 결과는 중간치 연봉이 지난 4년 동안 정체된 추세를 보여 주었다. 더 중요한 점은, 경력 경로에서 MBA의 가치 또한 정체된 양상을 보였다는 것이다.[22]

고학력자들의 일자리가 부족한 현실을 누구나 이해하며 공감하고는 있지만, 어느 누구도 왜 그런지 명쾌한 답을 내놓지 못하는 것

같다. 미국 변호사 업계가 이미 포화 상태에 있다는 사실이 가장 명백한 예다. 그런데 오래전부터 구직이 확실하다고 여겨져 온 전통적인 STEM(과학Science, 기술Technology, 공학Engineering, 수학Mathematics) 분야에서조차 관련 학위 소지자들이 일자리를 구하지 못해 애를 먹고 있다. 10년 전과 비교했을 때 상황이 심각한 실정이다.

오늘날 거의 모든 산업의 일자리가 갈수록 상품화되고 있다. 이런 상황에서 진입 장벽이 낮은 비숙련 직종 일자리가 기술 성장과 세계화의 영향을 받고 있다는 것은 이해할 만하다. 그런데 왜 고학력, 고숙련 직종까지 영향을 받고 있는 것일까?

▌커네빈 프레임워크에 비춰 본 노동 시장의 변화

커네빈 프레임워크(Cynefin framework)는[23] IBM에서 컨설턴트로 일한 데이브 스노든(Dave Snowden)이 내놓은 개념이다. 이는 인과관계에 따른 문제 상황을 묘사하고 해결책을 제시하는 분류체계로 인기를 끌었으며, 『하버드 비즈니스 리뷰*Harvard Business Review*』를[24] 비롯한 간행물에 자주 소개되었다. 커네빈 프레임워크는 비즈니스 환경의 불확실한 본질을 고려하여 문제 상황을 다음과 같이 구분한다.

- Complex : 복잡성 영역
- Complicated: 난해성 영역
- Chaotic: 혼돈 영역

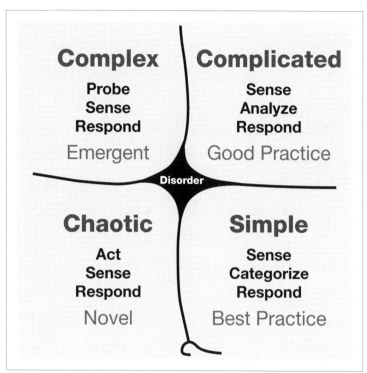

Complex: 복잡성 영역. 조사-인지-대응(Probe-Sense-Respond) 단계를 거쳐 창발적 사례(Emerging Practice)를 이끌어낸다. 유효한 패턴을 파악하기 위해 가설을 세우고 실험한 후 문제를 인지하고 대응하는 방식이다.

Complicated: 난해성 영역. 인지-분석-대응(Sense-Analyze-Respond) 단계를 거쳐 좋은 사례(Good Practice)를 이끌어낸다. 하나의 최우량 사례보다는 여러 개의 좋은 사례가 적합하다.

Chaotic: 혼돈 영역. 행동-인지-대응(Act-Sense-Respond) 단계를 거쳐 완전히 새롭고 기발한 사례(Novel Practice)를 이끌어낸다.

Simple: 단순성 영역. 인지-분류-대응(Sense-Categorize-Respond) 단계를 거쳐 모범 사례(Best Practice)를 이끌어낸다.

Disorder: 4가지 영역에 들어가지 않는 어수선하고 무질서한 상태.

• Simple: 단순성 영역

위 그림에서 볼 수 있듯이, 직무와 경영상에 나타나는 문제와 상황은 단순성, 복잡성, 난해성, 혼돈의 네 영역으로 분류된다. 직장을 구하는 사람은 다 알겠지만, 자고로 직장에 따라 고등학교 학력을 요구하기도 하고 대학 졸업장이나 석사 학위를 요구하기도 한다. 그런데 위와 같이 직무를 분류하면, 단순성 영역과 난해성 영역을 한 번에 비교해 보기에 좋다. 난해한 문제를 해결해야 한다면 높은 학력이 요구되겠지만, 단순한 문제에 관해서는 그보다 비교적 낮은 학력이 요구될 것이다. 그러나 이런 비교가 복잡성과 혼돈의 영역에서는 별로 의미가 없다. 거의 모든 직무가 단순한 쪽에서 복잡한 쪽으로 변해 가고 있기 때문이다.

단순성 영역은 인과관계가 명확한 상황이어서 단순한 문제를 해결하기 위해 모범 사례를 적용할 수 있다. 이케아(Ikea) 탁자나 레고(Lego) 블록 조립 설명서처럼 쉽게 문서의 형식으로 정리할 수 있다.

난해성 영역은 인과관계를 파악하기 위해 분석과 조사가 필요한 상황을 의미한다. 이 상황에 대응하려면, 조사 과정이나 전문가의 조언 혹은 양쪽 모두가 요구된다. 이 영역에서는 체계적인 사고가 필요하지만, 기존의 전문 지식을 활용하여 문제를 처리할 수 있다. 이는 학교를 졸업하며 갖춰야 할 능력이다.

복잡성 영역은 시간이 한참 지난 후 돌이켜 봤을 때에야 인과관계가 분명해진다. 여기서는 창발적 사례가 적용된다. 또한 이 영역에서는 창업가들이 스스로를 발견해야 할 경우가 많이 생긴다. 다음에 해야 할 일이 분명하지 않은 것은 교육으로 획득한 지식이 고갈된 탓이다. 그래서 이 영역에서는 새로운 해법을 시험하고 대응책을 모색하는 방법으로 문제를 해결한다.

혼돈 영역은 인과관계를 알 수 없는 상황을 말한다. 이에 우리는 불명확한 상태에서 살아남기 위한 방법을 찾아 대응해야 한다. 벤처투자가이자 안드레센-호로위츠의 공동창업가인 벤 호로위츠는 저서 『하드씽: 경영의 난제, 어떻게 풀 것인가?*The Hard Thing About Hard Things*』에서 2001년 닷컴 버블이 붕괴된 당시 회사를 상장시켰던 사연을 소개한다. 테크 버블(tech bubble)이 붕괴하여 근로자들이 해고되고 매출이 바닥으로 추락하는 상황에서 벤은 투자자들을 설득하여 자금을 끌어와야 했다. 문제 해결을 도울 지침서나 대학 교과 과정이 없는 시절이었다.

20세기를 지나는 동안 우리는 노동력을 커네빈 그래프 주변으로 이동시키기 시작했다. 자격주의가 확산된 이유는 난해성 영역에서 활동할 인력을 훈련시킬 필요성이 생겼기 때문이다. 기존의 지식으로 문제의 해법을 찾을 수 있는 영역에서는 교육 수준에 준거한 평가 시스템의 개발이 가장 적합한 방법으로 통했다. 앞서 언급했듯이 단순성과 난해성 영역의 문제는 블록 조립을 하듯 단계적인 지침으로 축소할 수 있다. 이런 방법은 교육이 가능하게 되었다. 현대 교육 시스템은 그에 가장 효과적인 쪽으로 발전했다.

미국 근대 교육의 아버지로 불리는 호러스 맨(Horace Mann)은 150년 전 공립학교(Common School) 교육을 개혁하는 등 공교육 체계를 완성했다. 당시 공교육의 목적은 학생들에게 공장 노동에 적합한 교육을 하는 것이었다. 그로부터 몇 년 후, 그는 공립학교 교사가 부족하다는 사실을 깨달았다. 곧바로 그는 사범학교(Normal School)를 설립하여 공립학교 수업을 담당할 교사들을 양성했다. 이처럼 학생들을 '보통(common)'의 근로자로 훈련시키기 위해 '평범한(normal)' 교사가 필요했던 것이다.

근대 교육체계는 보통의 평범한 노동자를 양성한다는 전제를 바탕으로 확립되었다. 1900년 무렵 공장 노동자들에 대한 수요가 생겨났고, 평범하거나 일반적인 노동자로 훈련받는 일은 그만한 가치가 있었다. 때문에 지시사항을 잘 따르고 보고를 잘하는 사람으로 아이들을 훈련시킬 필요가 있었다. 그러나 이제는 시대가 변했다. 그런 교육은 지침에 따라 모범 사례를 실천하는 방법을 배우는 일보다도 가치 없는 일이 되어 버렸다.

지금 세상에서는 복잡하고 혼란스러운 체계에서 문제를 파악하고 해결하는 능력, 즉 창업가정신이 갈수록 중요해지고 있다. 때문에 모범 사례를 찾아 적용하려는 개인들은 대개 사업을 성장시킬 수 없다. 또한 모범 사례가 적용될 수 있는 상황에서도 어느 순간 모든 것이 최신 기술과 기계, 세계화된 노동력으로 대체되고 있다.

Part 2

앙트레프레너의
시대가 온다

The
End
of

Jobs

1980년대 이스라엘 벤처기업 크리에이티브 아웃풋(Creative Output)
은 전형적인 공장의 작업환경에서 생산 능률을 높일 수 있는 최초
의 소프트웨어 패키지를 개발했다. 그런데 크리에이티브 아웃풋의
공동 창립자이자 이스라엘의 물리학자인 엘리 골드랫(Eli Goldratt) 박
사는 소프트웨어를 설치, 운영하는 과정에서 직원들과 관리자들의
기존 습관 때문에 소프트웨어가 빈번히 제 기능을 발휘하지 못하
는 현상을 발견했다. 소프트웨어가 공장 생산량을 지속적으로 늘리
는 분명한 해법을 제공했음에도 관리자들의 기존 패러다임과 멘탈
모델(mental model)이 소프트웨어의 성공적인 운용을 가로막는 장애가
되었던 것이다.

만연한 비효율성으로 인해 좌절감을 느낀 골드랫은 13개월 동안
소설 형식의 경영서를 쓰기에 이른다. 그렇게 해서 탄생한『더 골*The*

Goal』은 전 세계적인 베스트셀러가 되었는데, 그는 이 책에서 '제약 이론(Theory of Constraints)'이라는 경영혁신 원리와 응용 방법론을 소개한다. 어느 조직에나 목표 달성에 제약이 되는 요인이 있으니 자원의 낭비를 부르는 제약 요인을 찾아 효율화해야 한다고 그는 설명한다.

생산 공정이 세 라인으로 구성되어 있다고 가정해 보자. 그중 첫 번째, 두 번째 라인에서 시간당 100개의 부품이 생산될 수 있는 반면 세 번째 라인에서는 시간당 50개밖에 생산되지 않는다. 이런 상황에서 세 번째 라인을 개선하는 일 외에 어떠한 투자를 한다고 하여 생산성이 올라가지 않는다. 첫 번째, 두 번째 라인을 두 배로 늘려 시간당 200개의 부품을 생산하더라도 시간당 50개의 부품을 생산하는 세 번째 라인에서 계속 비효율이 발생한다면 전체적인 성과는 떨어질 수 있다는 말이다.

행사 우편물을 보내는 일을 해 본 적이 있다면, 작업 과정에서 늘 분명한 병목현상이 일어난다는 사실을 발견했을 것이다. 봉투에 우편물을 넣는 인원이 5명 있고, 그들이 시간당 100개의 봉투를 작업할 수 있다고 가정해 보자. 한 사람이 시간당 20개의 봉투를 작업하는 것이다. 그리고 다른 한 사람이 시간당 50개의 봉투에 주소를 작성한다고 해 보자. 이 경우 작업이 다 된 봉투가 쌓여 가고 주소 작성자가 작업을 마칠 때까지 기다려야 하는 사태가 발생한다. 이때 봉투에 우편물을 넣는 사람을 5명 더 투입하면 작업 속도는 훨씬 더 빨라지겠지만, 주소를 작성해야 할 봉투가 더 빨리 쌓여 갈 뿐이다. 그래서 봉투에 주소를 작성하는 인원을 하나 더 쓴다면 작업 시간이 절반으로 줄어들고 병목현상이 해결되게 된다. 시간당 100개의 봉투에 우편물을 넣고 주소를 작성할 수 있게 되는 것이다.

이와 같이 제약 요인을 해결해 효율성을 높이는 과정은 우편물 작업 같은 단순한 체계에서 분명하게 확인되는데, 사실 이는 복잡하고 난해한 체계에서도 동일하게 적용되며 훨씬 더 큰 효과를 볼 수 있게 된다. 사업을 성장시키려고 하는 상황에서는 성장을 가로막는 주요한 제약 요인이 늘 존재하기 마련이다. 이를테면 획기적인 상품을 개발해 놓고 세상에 전혀 알리지 않는다면, 상품의 성능과 질을 개선해도 매출이 올라갈 리 없다.

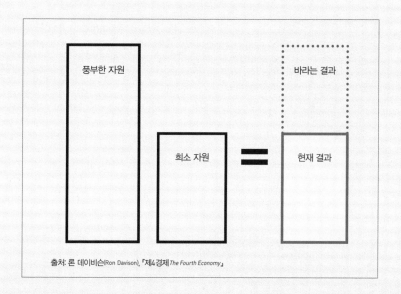

출처: 론 데이비슨(Ron Davison), 『제4경제 *The Fourth Economy*』

제약 요인은 어느 조직 체계는 말할 것도 없고 우리의 일상생활에서부터 경제가 돌아가는 과정에까지 엄청난 영향을 미친다. 그래서 골드랫의 프레임워크를 적용할 때 다음 3가지 근본 물음을 던져 봐야 한다.

1. 어떤 시스템인가?
2. 현재의 제약 요인은 무엇인가?
3. 제약 요인을 개선하기 위한 확실한 방법은 무엇인가?

일단 시스템의 구성요소를 확인하고 제약 요인을 밝힐 수 있다면, 개선 방안을 찾는 일이 매우 수월해진다. 대개 일을 강하게 밀어붙여야 한다는 생각이 맨 처음 떠오르지만, 어떤 목표를 향해 일을 추진할지 정하는 것이 더 가치 있는 일이다. "문제 해결에 한 시간이 주어진다면, 핵심 질문을 던지는 데 59분을 쓰겠다"는 유명한 격언이 있다. 시스템과 그 제약 요인을 파악해야 해법이 분명해진다는 점을 잊어서는 안 된다.

▌시스템의 효율을 떨어뜨리는 제약 요인

이제 우리가 일생생활에서 겪는 일에 골드랫의 프레임워크를 적용해 보자. 새해를 시작하며 '몸짱'이 되겠다는 결심을 세웠다고 가정해 보라. 금년에 기필코 좋은 몸을 갖겠다는 계획이다. 당신은 원하는 결과(좋은 몸 갖기)를 얻으려고 이런저런 계획을 세운다. 그래서 체육관에 등록하고 운동 계획을 세우는가 하면 온갖 보충제를 주문한다. 머지않아 단백질 파우더, 크레아틴 등 인터넷에서 접한 온갖 '몸짱 용품'이 도착한다.

당신은 흔들림 없이 운동 계획을 실천해 나간다. 일주일에 6일을 꼬박 체육관에 가 1시간씩 운동을 한다. 그런데 며칠이 지나도 아무런 진전을 보지 못한다. 그래도 당신은 계속 계획을 유지한다. 그렇게 한 달이 지났지만 여전히 아무런 성과가 보이지 않는다.

자, 당신의 건강(당신이 정의한 시스템)을 개선하겠다고 아주 많은 수고를 들이는 것도 좋지만, 그 전에 골드랫의 조언을 따라 다음 두 가지 물음에 답해 보자.

1. 제약 요인은 무엇인가?
2. 제약 요인을 해결하기 위한 분명한 방법은 무엇인가?

당신이 일주일에 6일을 체육관에 가는가 하면, 이를 위해 새벽 5시에 기상한다고 해 보자. 본래 밤 12시가 다 되어 잠자리에 드는 습관이 있었다면, 그리고 그 습관을 바꾸지 않았다면 매일 5시간밖에 수면을 취하지 않는다는 뜻이 된다. 또한 당신은 열심히 운동하고 나서 꼭 자신이 좋아하는 스타벅스 스콘을 맛나게 즐긴다.

러닝머신에서 1시간을 뛰면 400칼로리를 태우게 된다. 그런데 스타벅스 스콘이 400칼로리나 나간다. 체중을 전혀 줄일 수 없다는 의미다. 게다가 운동으로 호르몬 분비가 촉진된다 하더라도 수면 부족으로 호르몬 문제가 생겨 다 헛된 일이 된다. 이렇게 제약 요인이 운동에만 있는 게 아닌데도 당신은 점점 많은 시간을 운동하는 데에만 쓴다.

충분한 수면과 식이요법을 병행하면, 운동량을 약간 줄이더라도 더 나은 결과를 얻게 된다. 매일 한두 시간이라도 더 잠을 자고, 스콘을 포기하고, 거기에 적당량의 운동을 하면 오히려 체중이 감소하고 몸이 좋아지게 될 것이다.

나는 고등학교에서 1년 내내 운동을 하고 대학에서 2년간 풋볼을 했지만, 지독한 과체중 상태를 벗어나지 못했다. 체중이 가장 많이 나갔을 때는 156킬로그램에 달했다. 너무 뚱뚱한 탓에 요통이 생

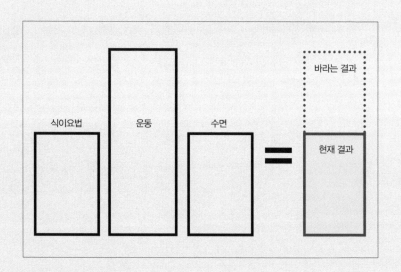

겨 어떤 날에는 오후에 1시간씩 누워 있어야 했다. 당시 나는 하루에 보충제 50~60알을 먹어 가며 일주일에 5~6회 운동을 했다. 게다가 학업과 가정교사 아르바이트를 병행하느라 눈코 뜰 새가 없었다. 집에서 밥을 해 먹은 적이 없을 정도였다. 지하철에서 파는 풋롱(foot-longs) 버거와 KFC 패밀리 팩을 즐겨 먹었고, 밤에는 5~6시간 잠을 잤다.

내가 뭔가 변화해야겠다고 다짐하게 된 것은 어머니가 허리 수술로 고생하는 모습을 지켜보면서부터였다. 우선 나는 운동량을 절반으로 줄이는 대신 수면 시간을 7~8시간으로 늘렸다. 또한 지방이 없는 고기와 채소 위주로 집에서 직접 밥을 해 먹었다. 그렇게 해서 체중을 100킬로그램까지 줄였다. 여전히 육중한 몸이었지만, 그래도 50킬로그램 이상 살이 빠진 것이다. 살을 빼지 않았다면, 체중계가 부서질 지경에 이르렀을 것이다.

어느 시스템에서나 제약 요인을 해결함으로써 자원 투입(inputs)을 늘리지 않고도 결과(outcome)를 확연히 개선할 수 있다. 나는 건강한 몸을 만들기 위해 추가 시간을 투입하지 않았다. 제약 요인을 파악한 뒤, 가용 시간 내에서 변화를 준 게 다였다. 여기서 아르키메데스의 말을 다시 떠올려 보자. "내게 넉넉한 길이의 지레와 지렛목을 준다면, 나는 지구를 들어 올릴 것이다." 요컨대, 제약 요인을 파악하는 일은 넉넉한 길이의 지레를 얻는 일이라고 할 수 있다. 일을 힘껏 밀어붙이지 않고도 최대의 효과를 낼 수 있는 방법을 찾게 되는 것이다.

▎경제 시스템이 바뀌면 제약 요인도 변화한다

지난 700년 동안 서구 사회는 전례 없는 수준의 성장을 구가했다. 1300년 무렵 진흙을 바른 초라한 오두막에 살았던 유럽의 농부는 오늘날 미국 중산층이 누리는 삶의 질을 상상할 수 없었을 것이다. 이렇게 오늘날에 이르기까지 급속한 발전을 이룰 수 있었던 것은 하나의 사회로서 우리가 경제적 진보를 가로막는 요소를 찾아내고 그것을 개선하는 방향으로 전환을 이루었기 때문이다.

비교적 최근에는 보다 난해한 작업을 요구하는 쪽으로 제약 요인이 작동해 왔다. 베이비부머 세대는 학업을 수행하고 전문기술이나 자격을 취득해 그 제약 요인을 해결해 왔다. 우리가 지금의 풍요를 누리는 것도 다 그런 이유 때문이다. 그리고 이제는 난해한 작업(직업)에서 보다 복잡하고 혼란스러운 작업(창업)으로 제약 요인이 옮겨가고 있다.

오늘날 사람들은 그 어느 때보다 나은 자격을 갖추고 있지만 미국의 일자리 상황은 갈수록 나빠지고 있다. 1960년에서 2000년까지는 연간 250만 개 일자리가 창출되었지만, 21세기 첫 10년 동안은 일자리가 10만 개나 줄어들었다. 성장은 정체되는 수준에 그치지 않았다. 하락세로 돌아선 것이다.

론 데이비슨은 『제4경제』에서 지난 700년간의 서구 역사를 농업경제(1300~1700년), 산업경제(1700~1900년), 지식경제(1900~2000년)의 세 단계로 구분했다.[25]

우리는 매번 경제 전환기를 겪을 때마다 종전 시기 제약 요인을 극복하는 데 따른 투자 소득이 줄어드는 것을 목격했다. 그럴 때마다 현재의 경제 문제에 대해 세계적 불황이라는 고통스러운 딱지를 붙이는 게 가장 흔한 반응이었다. 사실 이렇듯 일반적인 관점은 잘못된 것이다. 우리는 세계적 경기침체를 겪고 있지 않다. 다만 뚜렷이 구별되는 두 시대의 경제적 전환기에 서 있을 뿐이다.

물론, 이렇게 경제적 시기를 구분하는 모델이 지나치게 단순화된 것이라는 점은 분명하다. 경제와 사회는 공장의 조립공정보다 훨씬 더 복잡한 체계다. 한 사회 안에서도 저마다 다른 제약 요인이 존재하기 마련이다. 서구 사회 곳곳에서 여전히 농업 노동자들과 산업 노동자들이 활동하고 있지만, 서구의 가장 폭넓은 인구 층이 지식경제 체제에 고용되어 활동하고 있다. 그들은 지금 누릴 수 있는 부와 풍요를 창출하기까지 지난 100년 동안 경제의 한 축으로서 일익을 담당했다.

제약 요인이 경제적 전환기를 거치며 변화할 때는 종전 시기의 작동 방식에 대대적인 투자를 해 봐야 결과가 개선되지 않는다. 수면 습관이나 식습관을 바꾸지 않은 채 운동량만 대폭 늘려 봐야 아무런 효과를 볼 수 없는 것처럼 말이다. 충분히 긴 지레를 확보하지 못한 채 아무리 힘을 줘 봐야 무거운 물건은 움직이지 않는다.

그래서 경제에 제약 요인이 어떻게 작용하며 어떻게 직업 선택에 영향을 미치는지 이해해야 한다. 이를 위해 지난 700년간 서구 역사에서 어떤 일이 일어났으며, 우리가 어떻게 오늘날 이 자리에 서게 되었는지 간단히 살펴보자.

▌농업경제, 1300~1700년

1300년경 서구에서는 자연자원이 부의 핵심 요소였다. 당시 부호들은 토지를 소유한 덕에 대부분의 천연자원을 가질 수 있었다. 중세 시대에 번영한 국가들도 그러했다. 1400년대 초 포르투갈에서 시작되어 주요 서유럽 열강들에게까지 확산된 대항해시대(Age of Discovery)는 토지의 급속한 축적으로 특징지어진다. 유럽 열강들과 개인들은 토지를 축적하며 부와 영향력을 쌓았다. 그 이후부터, 유럽의 통치 기관이었던 가톨릭교회와 그 수장인 교황의 권력은 국가 통치자들에 의해 점차 빛을 잃어 갔다. 권력이 교회에서 국가로, 교황으로부터 왕에게로 넘어가기 시작한 것이다.

이 시기에 농업경제 창출을 위해 가장 많이 애를 쓴 사람은 아마도 영국의 헨리 8세일 것이다. 헨리 8세는 관세를 철폐했고, 영국을 자유무역지대로 만들었으며, 무역 촉진을 위해 도량형을 통일했다. 당시 유럽 대륙에서는 독일을 가로질러 이동하는 상인들이 수많은 관세와 다양한 측정 기준, 서로 다른 화폐 등 온갖 문제에 직면했다. 그런 현실에서 영국을 지나가는 상인은 표준화된 도량형을 사용한 것은 물론 비교적 관세에서 자유로웠다.

헨리 8세는 또한 재산권을 강화하는 정책을 발전시켜 농민들이 그들의 토지에 투자할 수 있는 여건을 조성했다. 이로써 개인들의 생산성과 역량은 물론 영양 상태와 건강이 개선되었다. 게다가 농민들이 그들 개인 소유의 토지를 지키는 동기가 조성되었다. 자유인이 농노보다 더 열심히 싸우는 법이다.

15세기경까지 이어진 암흑시대(Dark Ages) 내내 왕권은 교황권 아래에 놓여 있었다. 따라서 헨리 8세가 첫 번째 왕비인 캐서린(Catherine)과 이혼하려 했을 때 그는 교황의 승인을 받아야 했다. 지배권을 상속받을 아들을 원했지만, 캐서린이 아들을 낳지 못하자 새로운 왕비를 들이려 했던 것이다. 하지만 교회법상 이혼은 불가능했고, 토머스 울지 추기경을 통한 클레멘스 교황과의 교섭도 실패로 돌아갔다. 이에 헨리는 교섭 실패의 책임을 물어 토머스 울지를 단죄하고, 토머스 크랜머를 캔터베리 대주교로 임명한 뒤, 의회를 통해 이혼 승인과 새로운 왕비 앤 불린과의 결혼 승인까지 받기에 이르렀다. 마침내 교황 클레멘스는 헨리 8세를 파문했고, 이에 헨리 8세는 수장령을 발부해 자신이 영국 교회의 수장임을 선포했다. 이후 그는 가톨릭 수도원을 해산시키고 그 토지를 몰수하여 젠트리 계급(gentry class)에게 분배했으며, 그에 따라 토지의 생산성이 증가했다. 이는 가톨릭교회가 아닌 한 국가로서 영국의 부가 확대되는 계기가 되었다.

그로부터 100여 년이 지난 1648년 후반에는 베스트팔렌 조약(Treaty of Westphalia)이 체결되어 30년 종교전쟁이 종식되었다. 이를 통해 가톨릭 제국으로서 신성로마제국이 사실상 붕괴되었고, 그때부터 통치자가 신민의 종교를 결정하게 되었으며, 결국 민족국가들이 교회로부터 독립하게 되었다. 또한 이 조약에 따라 토지라는 하나의 제약 요인이 극복되었고, 민족국가들이 교회의 권력을 약화시켰으며, 군주가 교황처럼 절대적인 권력을 행사할 수 있게 되었다.

여기까지가 1300년부터 1700년 사이의 농업경제에서 일어난 주요 변화인데, 이를 다음과 같은 3가지 주요 특징으로 정리할 수 있을 것이다.

1. 제약 요인의 변화

교황의 종교적 권위는 새로이 형성된 제약 요인(토지)만큼 영향력 있지 않았다. 헨리 8세는 토지에서 얻는 소득, 또 젠트리 계급에게 토지를 분배할 수 있는 권력을 가진 덕에 교황에게 통치에 대한 승인을 구하지 않아도 되었다.

2. 지배적 기관의 변화

국가가 토지를 관리했기 때문에 권력이 교회로부터 국가로 넘어갔다.

3. 지배적 행위자의 변화

군주가 국가를 지배했다. 이에 권력이 한 개인인 교황에게서 소규모 집단인 군주들에게로 이동했다.

헨리 8세의 삶을 들여다보면, 제약 요인의 변화를 강구한 최초의 인물 중 하나로서 장기간의 영향력을 발휘한 모습이 보이기 시작한

경제	1차	2차	3차	4차
기간	1300~1700년	1700~1900년	1900~2000년	2000년~
제약 요인	토지	자본	지식	창업가정신
경제 유형	농업	산업	정보	창업
지적 혁명	르네상스	계몽주의	실용주의	시스템적 사고
사회적 발명	민족국가	은행	기업	자아
사회적 혁명	종교	정치	금융	비즈니스

다. 민족국가들 중 최고 지위에 오른 영국은 제1차 세계대전으로 서유럽이 황폐해지고 미국과 그 뒤를 이은 소비에트 연방이 유럽 국가들을 추월할 때까지 지배적인 입지를 유지했다.

▎산업경제, 1700~1900년

헨리 8세의 통치 이후 수백 년, 세상은 완전히 바뀌었다. 서구 사회는 농업경제에서 산업경제로 이행했다. 제약 요인은 토지에서 자본으로 옮겨 갔다. 지배 기관은 민족국가에서 은행으로 바뀌었으며, 지배적 행위자는 군주에서 은행가로 바뀌었다.

이러한 시대적 이행은 금융 재벌 나탄 마이어 폰 로트실트(Nathan Mayer von Rothschild, 영국에서 활동했기에 영어 식으로 네이션 메이어 로스차일드라고도 한다—옮긴이)와 제5대 프로이센 국왕 프리드리히 빌헬름 3세(Friedrich

Wilhelm III)의 이야기에서 아주 잘 드러난다.

중세 교회법에서는 이자를 받고 남에게 돈을 빌려주는 고리대금업을 금지했다. 이 대목에서 수많은 유대인들이 은행가가 된 이유를 엿볼 수 있다. 유대인들은 가톨릭에서 엄격히 금지되었던 직업만 가질 수 있었기 때문이다. 성공한 유대인 이야기에는 로트실트 가문이 꼭 등장한다. 유대인들만이 금융업을 할 수 있어서 비교적 경쟁이 치열하지 않던 시절, 기회를 엿보던 마이어 암셸 로트실트(Mayer Amschel Rothschild)는 다섯 아들을 유럽 각지에 파견해 국제 금융 그룹을 세우기에 이른다.

그중 런던에 자리를 잡은 셋째 아들 나탄 로트실트는 돈을 쓸어모을 정도로 성공을 거두었는데, 19세기 전환기에 발생한 나폴레옹 전쟁을 잘 이용한 덕분이었다. 나탄은 전쟁 자금이 필요했던 영국 정부로부터 국채를 헐값에 사들인 다음, 전쟁이 끝난 후 영국 채권 가격이 폭등하자 빈, 파리, 프랑크푸르트, 나폴리에 있었던 형제들을 통해 해외 시장에서 국채를 팔아 치웠다. 이로써 로트실트 가문은 말 그대로 돈방석에 앉았고, 국왕이 부럽지 않을 정도의 갑부가 되었다.

한편, 나폴레옹 전쟁이 거의 종료되어 가던 중 프로이센 국왕은 로트실트 가문에 자금 지원을 요청했다. 엘바 섬에서 탈출해 프랑스로 돌아온 나폴레옹이 군대를 재정비했기에 프로이센은 이에 대항하기 위해 군대를 현대화하고 재정비해야 했다. 그리고 이를 위해 국왕(프리드리히 빌헬름 3세)은 은행가(나탄 로트실트)에게 대출을 부탁해야 했다.(프로이센의 재무장은 현대 독일이 형성되는 시초가 되었다.)

프리드리히 국왕은 어마어마한 토지를 소유했음에도 프로이센을 재무장시킬 만한 자본을 가지고 있지 않았다. 이에 나탄 로트실트는 대출을 해 달라는 프리드리히 국왕의 요청을 받아들이되, 조건부로 수락한다는 서신을 국왕에게 보냈다. 독일에게 대출을 해 주겠지만, 국왕 프리드리히가 권력이 보다 평등하게 배분되고 부패가 일어나기 힘든, 의회 형태의 정부에 복종한다는 조건을 달았다. 빌려준 자금을 확실히 되돌려 받는 것은 물론 의회가 왕이 아닌 그들을 위한 궁전을 짓도록 하겠다는 의도였다.

한 은행가가 국왕에게 대출 조건을 지시했다. 그리고 나폴레옹이 대군을 거느리고서도 하지 못한 일을 서신 한 장으로 해냈다. 그처럼 은행은 국가 위의 권력이 되고 있었다. 또한 은행가들은 군주보다 더 많은 영향력을 과시하고 있었다. 그리고 이전의 전환기에서 그랬듯, 당시에도 3가지 근본적인 변화가 일어났다.

1. 제약 요인의 변화

프리드리히는 광대한 토지를 소유했지만, 충분한 자본을 가지고 있지 않았다. 자본이 제약 요인이었다.

2. 지배적 기관의 변화

은행이 자본을 통제하면서 국가에서 은행으로 권력이 넘어갔다. 은행이 권력을 획득한 것은 희소 자원을 관리한 덕분이었다.

3. 지배적 행위자의 변화

은행의 운영은 은행가의 몫이었다. 그에 따라 은행가들은 본질적으로 영향력 있는 집단이 되었다.

로트실트 가문의 이야기에서 제약 요인을 개선하는 일에 하루빨리 투자해야 하는 이유를 거듭 확인하게 된다. 지난 100년 동안 로트실트 가문은 베일에 가려져 있었다. 그들의 금융 혁신에 대해 자세한 이야기를 들은 사람은 하나도 없었다. 오늘날 로트실트 가문의 많은 후손들이 부의 비밀을 잘 지켜 나가고 있다.

▌지식경제, 1900~2000년

나탄 로트실트가 프리드리히 국왕에게 대출을 해 준 이후 대략 150년이 지나면서 현대적 기업이 등장했다. 이 시기에 우리는 산업경제에서 지식경제로 이행해 갔다. 이제 제약 요인은 자본에서 지식으로 옮겨 갔다. 또한 지배적 행위자는 은행가에서 CEO로 바뀌었으며, 지배적 기관은 은행에서 기업으로 전환되었다.

산업경제에서 지식경제로 이행되는 과정은 J.P. 모건(J.P. Morgan)의 은행 모건 스탠리(Morgan Stanley), 토머스 왓슨(Thomas Watson)이 이끈 IBM의 역사가 대변한다. J.P. 모건에서 뻗어 나온 모건 스탠리는 1970년대 IBM의 주거래 은행이었다. 모건 스탠리가 자본의 위대한 상징이자 지배자였던 것처럼 IBM은 지식의 위대한 상징이자 지배자였다. 양복에 넥타이 차림에서부터 기업 슬로건 '싱크(THINK)'에 이르기까지 IBM은 지식의 본산을 상징했다.

20세기 대부분의 기간 동안 IBM 같은 기업들은 거래 은행에 반기를 들지 않았다. 기업들은 충실한 신하처럼 지조를 지켰다. 기업들이 이해하기에는 금융시장이 불투명하고 난해했던 탓에 효과적인 경영에 필요한 정보를 충분히 확보하기 어려웠다. 은행은 여전히 영향력을 자랑했다. 은행가들이 금융시장의 움직임에 관한 정보를 통제했기에 기업은 그들에게 조언을 구할 필요가 있었다.

예컨대, IBM은 1975년 컴퓨터 개발 자금을 조달하기 위해 10억 달러의 채권을 발행하면서 살로먼 브라더스(Salomon Brothers)와 공동으로 채권을 인수해 달라고 모건 스탠리 쪽에 요구했다. 당시에만 해도 이례적인 행보였다. 채권 발행은 대체로 늘 단일 은행이 주관하던 시절이었다. 모건 스탠리는 IBM과의 거래를 독점했던 주도권을 잃지 않고자 살로먼과의 공동 인수를 거절했다. IBM은 모건 스탠리의 반응에 위축되긴 했으나 뜻을 굽히지 않았다. 결국 모건 스탠리 없이 일을 추진했다.

채권 발행은 성공했으며, 새로운 전례가 되었다. 이로써 금융업에 일대 전환이 일어났다. 은행업이 관계 기반에서 거래 기반으로 바뀐 것이다. 은행업은 상업화되었으며, 이윽고 기업이 은행을 능가하는 지배적 기관으로 떠올랐다. 그때부터 기업은 은행에 거래조건을 지시했으며, 더불어 CEO들이 은행가들에게 거래조건을 지시했다. 지식에 대한 수요가 자본에 대한 수요를 앞서갔다. 은행들은 과거에 전혀 볼 수 없었던 방식으로 기업들에게 종속되었다. 2015년 현재 IBM은 시가총액 1700억 달러를 기록하며 엄청난 가치를 창출하는 조직으로서 위상을 유지하고 있다.

1. 제약 요인의 변화

모건 스탠리는 풍부한 자본을 보유했지만, 지식이 없었다. 이처럼 지식이 제약 요인이었다.

2. 지배적 기관의 변화

기업이 지식을 통제하면서 은행에서 기업으로 영향력이 넘어갔다.

3. 지배적 행위자의 변화

기업을 운영하는 CEO가 본질적으로 영향력 있는 계급이 되었다.

▌앙트레프레너 시대의 도래

앞서 언급했듯이 매번 경제 전환기를 거칠 때마다 3가지 영역에서 중대한 변화가 일어났다. 그리고 지금의 과도기, 즉 제4경제로 이행해 가는 과정에서도 같은 변화가 엿보인다.

1. 제약 요인이 지식에서 앙트레프레너십(entrepreneurship), 즉 창업 가정신으로 전환되고 있다. 창업과 관련한 복잡하고 혼란스

러운 영역을 헤쳐 나갈 수 있는 능력이 요구되고 있다.

2. 지배적 기관이 기업에서 개인(또는 자아)으로 바뀌고 있다. 대기업을 필요로 했던 일, 기술, 세계화가 이제 개인이나 마이크로-멀티내셔널에게도 가능한 일이 되었다.

3. 지배적 행위자가 CEO에서 창업가로 바뀌고 있다.

대부분의 개인과 기업들은 아직까지 변화에 효과적으로 대응하지 못하고 있다. 모두가 제약 요인에 대해 잘못 판단하고 있다. 잘못된 판단은 수십 년 이후까지 계속될 기세다. 우리는 지금 그런 현실에 직면해 있다.

오늘날 개인들은 지식을 늘리는 일에 투자하고 있다. 사람들은 자격 조건을 늘리기 위해 학교로 돌아가고 있다. 자격에 뒤따르는 보상이 갈수록 줄어들고 있지만, 여전히 학생들은 이력을 늘리는 일에 많은 비용을 들이고 있다. 지난 세기에 자격과 지식이 희소 자원이었다는 점을 고려하면 그리 놀라운 일은 아니다. 당시에만 해도 이력을 늘리려고 학교로 돌아가는 것은 괜찮은 전략이었다. 하지만 이제 학위의 가치는 하락하고 있다. 대학과 대학원 등록금은 해마다 인상되고 있는데 말이다.

간단히 수요와 공급의 측면에서 보더라도 풍부한 자원에 투자를 늘리는 것은 별로 좋은 전략이 아니다. 그렇게 한다고 해서 시스템의 성과가 개선되지는 않는다. 체육관에서 보내는 시간을 늘리더라도 충분한 수면을 취하지 않거나 식습관을 조절하지 않으면 건강이 개선될 리 없다.

사회가 변화에 적응하고 현명한 투자를 하기까지는 긴 시간이 걸린다. 돌이켜 보면 명백해 보이는 것이 당시에는 위험한 투자로 여겨질 수 있으니까 말이다. 그럼에도 사회 전체가 긴 시간을 보내며 제약 요인을 개선하고 변화를 이룩하는 사이 희소 자원에 투자함으로써 우리가 늘 알고 있었던 것보다 더 쉽고, 더 안전하고, 더 큰 이익을 가져다주는 황금 같은 기회를 잡을 수 있는 것이다.

헨리 8세는 토지에 투자했으며, 북해의 작은 섬나라 영국은 몇 백년 동안 세계 패권국으로서의 지위를 유지했다. 대부분의 사람들이 자본의 가치를 중요시하지 않을 때 로트실트 가문은 자본에 투자했으며, 지금도 여전히 유럽에서 최대 갑부의 반열을 유지하고 있다. 토머스 왓슨은 어떤가? 왓슨은 지식의 가치가 과소평가되던 시절 IBM을 설립함으로써 지식에 투자하여 20세기 기업의 정의를 새로 마련했다.

이와 같은 맥락에서 창업을 바라볼 수 있을까?

4

앙트레프레너,
가장 안전하고 성공적인 미래

오늘날 우리는 세계화 시대를 맞이했다. 전 세계 70억 명의 사람들보다 아는 것이 많다면 모를까 단순히 다른 누군가보다 많은 지식을 갖고자 경쟁하는 시대는 지났다는 것을 의미한다. 이전 세기와 비교했을 때 통신기술이 발달하고 교육 수준이 향상되면서 지난 10여 년 동안 보다 많은 사람들이 지식경제에 동참했다. 2000년에서 2010년까지 전 세계 대학졸업자 수는 9000만 명에서 1억3000만 명으로 증가했다. 인류 역사를 통틀어 9000만이라는 수치도 대단한 것인데, 불과 10년 만에 4000만이 더 늘어났다.[26]

그에 더해 기술이 급속히 발전한 덕에 기계가 단순한 일을 대신하게 되었고 갈수록 많은 사람들이 복잡한 지식을 요하는 작업에 내몰렸다. 하지만 그런 까닭에 일자리는 점점 부족해지고 있다. 최근 미국 대학 졸업자들의 절반 이상이 직장을 구하지 못했거나 대학 학위가 필요 없는 직종에서 일하고 있다. 2014년 로스쿨 졸업생의 전체 취업률은 6년째 곤두박질쳤다. 이런 추세라면 지식은 더 이상 희소한 자원이 아니다. 100년 전과는 상황이 완전히 바뀐 것이다. 그럼에도 학력주의가 팽배해졌다. 대학 졸업자 수는 1940년대 이래 꾸준히 증가했다. 그 상승세가 반전될 기미는 전혀 보이지 않는다.

여기서 사고 실험을 한번 해 보자. 주변 사람들을 떠올리며 스스로에게 물어보자. 다음 중 어떤 것이 성장에 더 도움이 될까?

10배 많은 자본? 지금처럼 자본을 손쉽게 이용하게 된 적은 없었다. 희소 가치가 없다는 얘기다.

대학 졸업자, 변호사, 의사, MBA 출신이라서 10배 많은 지식을 가지고 있다면? 그러면 성장이 촉진될까? 우리는 지금 그에 관한 실험을 진행 중이다. 결실을 맺을 것 같지는 않다.

그렇다면 10배 강한 창업가정신은 어떤가?

▌가치투자에서 배우는 앙트레프레너십

시가 총액 3000억 달러를 돌파한 지주회사 버크셔 해서웨이(Berkshire Hathaway) 부회장이자 워런 버핏(Warren Buffet) 뒤에 가려진 2인자 찰스 멍거(Charles Munger)는 과묵하고 은둔자적인 인물이다. 공개석상에는 거의 모습을 드러내지 않고 허세와는 거리가 먼 이 억만장자는 워런 버핏과 비슷한 일을 하며 하루의 대부분을 보낸다. 서던 캘리포니아 소재 자택에서 독서하고 사색하며 버크셔 해서웨이를 경영하는 일이 그의 주요 일과다. 평생 사업 동반자로 지낸 버핏과 멍거는 단순한 전략으로 비범한 성공을 거두며 수십억 달러 가치의 제국을 건설했다. 그 전략은 가치투자(value investing)였다. 그는 이렇게 말한다.

그처럼 확실히 인지할 수 있는 절호의 기회는 보통 호기심의 촉수를 뻗친 채 다양한 변수를 따져 가며 끊임없이 모색하고 기다리는 사람에게 돌아가는 법이다. 그리고 승산이 너무나 클 때 필요한 것은 이제까지 신중함과 인내심을 발휘한 결과로 쌓은 자원을 송두리째 판에 내놓는 의지다.

두 억만장자의 가치투자는 자신을 분석 대상 기업의 소유주로 생각하며 회사의 내재가치를 설정하고 오차범위를 더한 다음 현재의 시장가격을 살피는 프로세스다. 이를테면, 분석 대상 기업의 내재가치를 10억 달러로 평가했는데 주가가 2억 달러 가치를 나타내고 있다면, 두 사람은 시간이 흐르면서 결국 해당 기업의 시장가격이 바로잡힐 것이라고 파악하여 많은 주식을 사들일 것이다.

그런데 가치투자의 개념보다 더 눈여겨볼 점은 무엇이 가치투자가 아닌가 하는 것이다. 가치투자의 관점에서는 대부분의 투자운용사들이 기본 수칙으로 받아들이는 것들을 거부한다. 두 사람은 1년 단위로 시장을 선점하려 들지 않는다. 버핏이 40년 투자 인생에서 12번의 투자 결정이 자신의 경력을 바꾸었다고 말했듯, 두 사람은 장기간에 걸쳐 매매를 한다.

한편, 두 사람은 기술주에 전혀 투자를 하지 않는다. 데이 트레이드(day trade)도 물론 하지 않는다. 또한 두 사람은 분산투자를 하지 않는다. 버핏이 "분산투자는 무지함에 대한 보호방편일 뿐이다. 자신의 투자행위를 파악하고 있는 사람에게는 별로 필요 없는 장치다"라고 말했듯이, 두 사람은 포트폴리오를 다각화하지 않고 '절호의 기회'를 찾아 대량 매수를 하는 데 주력한다. 이와 관련하여 멍거는 버크셔 해서웨이의 현금 자산 500억 달러 중 대부분이 50년 투자경력에서 '어쩌면 네 번에서 다섯 번의 투자' 덕분일 거라고 말했다. 세계 정상급 경력을 쌓겠다고 100억 달러의 투자를 여러 번 감행할 필요는 없다는 말이다.

단순함에 숨은 명석함, 강력한 투자방법 이면의 단순성, 의지력의 시험, 실행에 있어서의 인내심 등 가치투자자로서의 면모를 볼 때, 지금까지 웬만한 사람은 버핏과 멍거의 그림자도 밟지 못했다.

▌앙트레프레너십은 획득할 수 있는 능력인가

우리는 지식보다 창업가정신이 중요한 시대로 넘어가는 전환기에 와 있다. 이 시기에 가장 득을 보는 개인들은 창업 활동에 발 빠르게 공격적인 투자를 한 사람들이다. 일찍이 자본에 공격적인 투자를 했던 로트실트 가문, 지식에 발 빠르게 투자했던 IBM처럼 말이다.

그렇다면 창업 활동에 어떻게 투자해야 할까? 가장 먼저 해야 할 것은 제약 요인을 파악하는 것이다. 제약 요인은 확실한 목표를 찾는 데 도움이 되는 것은 물론 우리에게 자율권을 제공한다. 제약 요인에 대해 생각함으로써 사건 중심적 사고(event thinking)에서 과정 중심적 사고(process thinking)로 전환되기 때문이다.

무언가를 단순히 흑백 논리에서 하나의 사건으로 정의하는 경우—건강한지 아닌지, 부유한지 아닌지, 행복한지 아닌지, 창업 활동인지 아닌지—대개 지나치게 넓은 범위에서 생각하다 보니 이렇다 할 성과를 내지 못하는 게 일반적이다.

그런데 완벽하게 건강한 몸을 가지는 법을 아는 사람은 거의 없는 반면 누구나 건강 비결 하나쯤은 알고 있다. 따라서 너무 먼 목적지나 목표를 설정하여 무능하다는 무력감에 빠질 필요는 없다. 적절한 방향으로 한 걸음 한 걸음 단계를 밟아 나가는 사람들이 결국에 건강을 되찾는다. 그런 사람들은 매일 아침 몸에 좋은 음식을 섭취하거나 일주일에 하루 체육관에 가는 일부터 시작한다. 나중에 가서는 아침뿐 아니라 점심과 저녁에도 몸에 좋은 음식을 챙겨 먹는다. 또한 일주일에 한 번 체육관에 가던 것이 일주일에 세 번, 또 일주일에 일곱 번으로 그 횟수가 늘어나 결국 엄청난 발전을 이루어 낸다. 이런 것이 바로 우리 경력에서 필요한 기술이라고 할 수 있다.

100년 전에는 의사가 되는 과정이 분명치 않았다. 사실, 엄두도 못 낼 일로 보였다. 어떻게 대학에 들어가지? 의과대학에 들어가려면 뭘 어떻게 해야 하지? 이런 고민이 느껴졌을 법하다. 그런데 지금은 그 모든 것에 관한 기준이 마련되어 있다. 대학에 들어가 생물학과 화학 등 기초 과목을 수강해야 하고 의과대학에서 요구하는 학점을 이수해야 한다는 것을 누구나 다 알고 있다.

20세기를 지나는 동안 우리는 지식의 수준을 증명하는 방편으로서 자격주의를 발전시켰다. 이름 뒤에 붙이는 호칭, 집에 걸려 있는 자격증은 우리가 얼마나 많은 지식을 자원으로 보유하고 있는가를 잘 보여 준다. 우리가 다음에 나아가야 할 단계, 지금까지 발전을 이룩한 정도가 자격주의에 따라 분명해지는 것이다.

같은 맥락에서 창업가정신은 우리가 획득할 수 있는 능력이다. 그런데 '나는 창업가인가?'라고 스스로 물어봐도 마땅한 답이 떠오르지 않는다. 창업가정신을 하나의 자원으로 생각하는 사람은 거의 없을 것이다. 누군가가 소유한 토지나 자본의 양을 평가하는 일은 비교적 쉬우나 창업가정신을 정량화할 수 있다고 생각하기는 어렵다. 하지만 기업의 주식을 확보하거나 지식에 대한 자격을 획득하듯이, 창업가정신 또한 획득하고 투자할 수 있는 능력이자 자원이다. 그럼에도 우리는 상품관리, 영업, 마케팅 역량과 같은 지식이나 능력을 자원으로서 획득한다는 생각을 하면서도 창업가정신에 대해서는 그런 식으로 생각하지 않는다.

지금 당장은 창업가정신을 측정할 방법이 없다. '창업 관련 활동 경력 2년' 같은 식으로 이력서를 작성하는 사람은 아무도 없을 것이다. 그럼에도 창업 활동에 투자하려고 애쓰는 지식 근로자를 떠올려 본다면, 지식 활동을 하는 일에서 창업가적 임무를 수행하는 쪽으로 방향을 전환할 길이 분명히 존재한다.

역할	지식 활동	창업가적 활동
노련한 창업가	0%	100%
초기 단계 창업가	10%	90%
컨설턴트	20%	80%
프리랜서	30%	70%
도제(수습생)	40%	60%
부업을 가진 고용인	60%	40%
기업 임원	70%	30%
기업가적 고용인	80%	20%
비기업가적 고용인	100%	0%

위 표의 내용이 지나치게 단순화되었다는 점에는 의심의 여지가 없다. 위 표는 제로섬 체계에 근거해 각 역할에서 지식 활동과 창업 활동이 수행되는 정도를 보여 준다. 각각의 역할을 분류하기 위해서가 아니라 창업 활동으로 진입하는 잠재적 경로를 보여 주기 위한 것이다.

위 표에서 비기업가적 고용인은 스타벅스나 맥도날드 같은 패스트푸드점에서 아르바이트를 하는 사람들을 말할 것이다. 아르바이트생들은 흔히 미리 정해진 매뉴얼이나 규정집을 보며 역할을 수행한다. 반면 기업가적 고용인은 전통적인 기업 조직에 소속되어 있지만 새로운 의제를 내놓고 어느 정도의 자율성을 가지고 업무를 하는 식으로 사내에서 혁신을 시도하는 사람일 것이다.

하지만 위 표에서 제시한 것은 임의적인 개념이다. 완전한 개념이 아니다. 예컨대, 우리는 업무에 접근하는 방식에서 창립자보다 훨씬 더 창의적이고 진취적인 기업 임원들을 보유할 수 있다. 또한 새로운 부서를 설치하거나 기존 회사에서 조직을 분할하는 기업 임원이라면, 주식을 보유한 채 단지 동업자의 사업 방침을 따르는 사람보다 훨씬 더 기업가적인 사람이라고 할 수 있다. 뿐만 아니라 본업 외의 일을 추진하는 고용인은 자신의 일과 판매 프로세스를 개선할 마음도 없고 업무체계를 바로잡을 생각도 하지 않는 프리랜서보다 훨씬 더 기업가적이라고 할 수 있다.

그럼에도 이것 하나만은 기억하도록 하자. 지식에 투자할 때처럼 창업 활동에도 시간과 노력을 들이면 된다는 것을.

▌앙트레프레너십은 직업의 시대를 뛰어넘을 자산이다

창업가정신을 투자할 수 있는 자산이나 자원으로 생각하면 어떨까? 그러면 창업 활동에 기본적인 경제 개념을 적용하여 한층 더 올바르고 합리적인 의사결정으로 나아가게 된다.

예를 들어, 흔히 말하는 주식을 매입하려고 할 때, 우리는 특정 회사의 주식을 얼마나 구매하면 되는지 파악하기 마련이다. 대개는 인터넷 검색 서비스에 접속해 해당 회사의 주식 시세를 소수점 자리까지 세세히 들여다본다.

그런데 창업가정신 또는 지식을 자원으로 본다면, 매매가격을 그렇게 쉽게 수치로 나타내기 어렵다. 증권사 사이트처럼 이를 확인해 볼 수 있는 루트가 있는 것도 아니다. 창업 활동이나 지식에 대한 지분을 매입할 수도 없는 일이다. 그보다는 인생의 중대한 결정을 내린다는 마음으로 창업 활동에 시간과 노력을 쏟는다고 생각해야 한다.

대기업 입사를 포기하고 진취적 성향의 중소기업에서 수습기간을 보낸다고 한다면, 자신의 경력에 투자하는 중대한 결정을 내리는 셈이다. 힘들고 어려운 프로젝트를 동료에게 미루지 않고 자신의 업무로 받아들이는 일 역시 투자 결정이라고 할 수 있다. 또한 MBA를 취득하려고 거금을 들여 대학을 다시 찾는 일도 인생을 위한 투자 결정이다. 그러한 결정은 MBA 과정에서 보내는 2년뿐 아니라 이후 10년 동안 삶에 영향을 미치게 된다.

우리는 이렇게 해서 특정한 위치에 적합한 자격 요건을 획득하는 것은 물론 함께 공부한 사람들의 도움을 얻어 원하는 자리를 차지할지도 모른다. 그런데 여기서 기회비용의 문제를 감안해야 한다. 평소 원하던 자리를 차지하는 대신 다른 지위나 그와 관련된 자격 요건을 포기해야 한다. 또한 우리는 원하는 것을 얻기 위해 반드시 대가를 지불해야 한다. 이를테면 적은 임금을 받고 수습기간을 보내야 하는 어려움을 감수해야 하는 것이다. 그럼에도 우리는 이를 통해 새로운 경험을 쌓고 원하던 업종에 진출하는 연결고리를 만들게 된다.

▍먼저 투자해야 거둬들일 수 있다

비즈니스 브로커들은 사들여야 돈을 만들어 낼 수 있다는 말을 즐겨 하곤 한다. 완벽하게 들어맞는 말이라고는 할 수 없겠지만, 시장에서는 대체로 시간이 지날수록 옳은 것으로 판명 날 가능성이 크다. 2012년 식 혼다 파일럿(Honda Pilot)의 가치가 1만5000달러라고 가정해 보자. 그런데 누군가가 해외로 급히 나갈 일이 생겨 1만2000달러에 이 차를 내놓았다고 해 보자. 그러면 당신은 이 차를 사들였다가 1만5000달러에 구입할 사람이 나타날 때까지 기다리면 좋을 것이다.

멍거와 버핏의 주식투자 방식이 바로 그러하다. 로트실트 가문이 금융자본을 지배했던 방식, IBM이 지식경영에 투자했던 방식도 마찬가지다. 그들은 하나같이 신속히 투자하여 시장이 바로잡히면서 생기는 보상을 수확했다.

20세기가 도래하면서 IBM 직원과 같은 사람들은 대학 학위를 취득하는 방식으로 지식경제에 투자했다. 지식의 가치가 무엇인지 전혀 확실치 않은 시절이었다. 사회 전반에서 대학 학위가 지금만큼 중요하지 않았다.

앤드루 유데리안(Andrew Youderian)은 현재 CB 라디오(Citizens' Band Radio)를 판매하는 전자상거래 상점은 물론 전자상거래 상점 운영자 커뮤니티인 이커머스 퓨얼(eCommerce Fuel)을 함께 운영하고 있다. 앤드루는 첫 직장 경력 5년 동안 투자은행에서 일했다.

앤드루가 직장을 그만두고 전자상거래 상점을 운영하겠다고 결정한 것은 돈을 더 많이 벌기 위해서가 아니었다. 그와 비슷한 결정을 하는 사람들과 동일한 이유 때문이었다. 바로 가족과 함께 시간을 보내고, 여행에 좀 더 시간을 투자하며 살고 싶었다.

하지만 직장을 그만둔 직후에는 여유 있는 생활을 기대하기 어려웠다. 그러다 몇 년이 흘러 옛 직장 동료와 점심식사를 하는 자리에서 앤드루는 문득 깨달았다. 사업이 잘 돌아가기 시작하면서 투자은행 직원으로 일하는 동료보다 많은 발전을 이룩했다는 것을 말이다. 옛 동료는 여전히 연간 40주, 일주일에 50~80시간을 일하고 있었다. 반면 앤드루는 그보다 더 적게 일하면서 돈을 더 많이 벌고 있었다. 사업 초창기에는 기대하지 않았던 일이지만, 사업 10년째에 접어들자 많은 기회를 이용할 수 있었다. 투자은행업에 계속 종사했더라면 꿈도 꾸지 못할 일이었다.[27]

▌충분히 긴 지레를 활용하기만 하면 된다

그간에 수도 없이 들은 이야기가 있다. 괜찮은 직장에 다니던 사람들이 창업 활동에 시간과 노력을 들이고 기업가적 활동을 확대하여 예전 동료들보다 금전적으로 더 많은 성공을 거두게 되었다는 이야기 말이다. 사실 그들은 지나치게 힘을 들이지 않았다. 그저 충분히 긴 지레를 활용했을 뿐이다.

앞에서 우리는 지식경제 및 난해한 지식작업의 제약 요인을 살펴봤다. 난해성의 영역에서 이루어지는 지식작업은 더 이상 희소한 일이 아니다. 사실상 점점 더 많아지고 있다. 오늘날 전 세계는 교육 수준이 높아지고 있고, 통신기술이 하루가 다르게 발전하고 있으며,

기계의 공급이 날로 증가하고 있다. 이런 환경에서 아르키메데스의 지레는 갈수록 짧아지고 있다. 거시경제학적 이유로 일자리 경쟁은 더 치열해지고 소득은 더 감소하고 있다.

이 모든 것들이 직장에 다니는 사람들에게는 좋지 않은 소식일지 모르지만, 기업가들 및 창업 활동에 투자하는 사람들에게는 매우 반가운 일이다. 왜냐하면 교육 수준이 향상되고 통신기술이 발달하고 세계화가 가속화되어 지식작업을 곳곳으로 이동시키는 상황이 되자 과거보다 훨씬 더 수월하면서도 저렴한 비용으로 팀을 구성하고 거래처를 확보할 수 있게 되었기 때문이다.

게다가 '일자리를 집어삼키는' 소프트웨어 덕분에 창업비용이 절감되어 회사를 차리는 일이 쉬워지고 있다. 이런 환경에서 창업가들은 사업의 비핵심 요소들을 아웃소싱하고 '클라우드'에 보다 많은 인프라를 구축하는 방식으로 부채 없이 사업을 시작할 수 있게 되었다. 또한 인터넷의 확산으로 생산과 유통이 대중화되었으며, 5년 또는 10년 전에 존재하지 않았던 시장과 업종도 생겨났다. 요컨대, 창업은 역사상 그 어느 때보다 접근이 용이하고, 안전하며, 높은 수익을 올릴 수 있는 일이 되었다.

Part 3

위험한 것이
안전한 것이다

The
End
of

Jobs

팀 페리스는 자신의 저서 『4시간』에서 직장을 그만두려고 하는 사람들은 '부정적 시각화(negative visualizations)'를 실천해야 한다고 주장한다. 스토아 철학에서 유래한 부정적 시각화는 중대한 결정 앞에서 앞으로 벌어지게 될 최악의 상황을 상상해 보는 것이다. 부정적 시각화를 통해 알 수 있는 근본적인 진실은 이것이다. 우리는 결과가 나빠서가 아니라 단지 결과를 알 수 없기 때문에 선택을 회피하곤 한다는 것이다.

한 남자나 여자가 이성에게 다가가려다 망설이는 모습을 본 적이 있는가? 무슨 일이 생길까? 좋다. 좀 더 구체화해 보자. 한 젊은 남자가 매력 넘치는 여자에게 다가가 자신을 소개한다고 해 보자. 이때 일어날 수 있는 최악의 상황은 무엇일까? 갖가지 일이 일어날 수 있지만 가령 이런 건 어떨까? 여자가 남자를 위아래로 훑어보며 웃는다. 그런데 너무 심하게 웃다 보니 그녀의 침이 남자 눈에 튄다. 남자는 쓰라림을 느낀다. 얼굴에 침이 튀어서가 아니라 거절당했다는 생각이 들기 때문이다. 그 고통은 30분 정도 지속되고 2주에서 3주간 쉴 새 없이 마음을 괴롭힌다. 운이 없어도 너무 없게 느껴지지만, 실제로 얼마나 나쁜 일일까? 상처를 받는 것? 그렇다. 감정에 상처를 받는다, 그렇지만 그 여자를 다시 볼 일이 있을까? 젊은 남자가 여자에게 서툴게 말하는 모습을 우습게 볼 사람은 없다.

이런 유형의 상호작용에서 비롯되는 상처는 우리 인간이 소규모 사회에서 살았던 시절 방어기제로 발전시킨 것이다. 인원이 50명 안팎인 부족에 속해 살았던 시절 한 여자에게 거절을 당했다면, 그것은 실제로 상처가 되었다. 그런 상황이라면, 그녀를 매일 봐야 하는 일 자체가 고통이다. 또한 남은 인생 동안 지위가 하락하고 죽을 때까지 그 짐을 안고 살아야 한다. 뿐만 아니라 짝을 찾지 못하고, 종족번식을 하지 못하고, 유전자를 후손에게 물려주지 못할지도 모른다. 따라서 상처를 받을 가능성, 실패할 가능성을 미리 점쳐 볼 수밖에 없게 된다. 이와 같은 인간의 성향을 손실 회피(loss aversion)라고 한다. 이익보다 손실이 더 크게 보이는 심리라고 할 수 있다.

한번 생각해 보자. 우리는 순전히 운에 달린 내기를 제안받았다. 동전 앞면이 나오면 150달러를 번다. 반면 동전 뒷면이 나오면 100달러를 잃는다. 어떤 생각이 드는가? 예상되는 이익이 꽤 괜찮지만 (충분히 많이 던진다면 50% 확률이므로), 사람들은 대부분 내기를 거절한다. 손실 회피 성향으로 이익보다 손실을 더 크게 느끼기 때문이다. 내기에 참여한 사람에게 "100달러를 잃은 상실감을 회복하려면 최소한 얼마나 이익을 얻어야 할까요?"라고 물으면 대개 200달러(손실의 두 배)라는 답이 돌아온다.[28] 손실에 따른 고통은 이득을 보았을 때보다 1.5~2.5배 더 크게 느껴지는 것으로 측정되었는데, 이는 사람들이 내기를 할 때 150~250퍼센트의 기대이익을 보려는 성향이 있다는 것을 의미한다.

다시 말하지만 손실 회피 성향은 과거의 진화 과정에서 형성된 사고방식이다. 아프리카 사바나 초원 지대로 나가 덤불 속을 뒤지는 상상을 해 보라. 맛있는 식량을 얻을 확률이 90퍼센트, 굶주린 사자가 기다리고 있을 확률이 10퍼센트라고 가정한다. 이 경우 우리는 대개 손실 회피 성향으로 덤불 속을 뒤지지 않는 편이 더 낫다고 판단한다.

그러니 당신이 해야 할 일은 이거다. 손실을 회피하려는 오랜 유전적 성향이 밖으로 튀어나오기 전에 '틀린' 선택을 하는 것이다. 여기는 사바나 초원이 아니다. 현대 세계에서는 죽을 가능성이 있는 선택(직장 경력에서도 마찬가지다)을 하는 게 좋은 전략이다. 하지만, 그런 경우는 극히 드물다.[29]

Part 3 위험한 것이 안전한 것이다

5

극단의 왕국에서
추수감사절 칠면조가 되지 않는 법

꿈을 향해 나아가야 할 순간이다. 지난 4년 내내 이야기 한 번 나눠 본 적 없는 삼촌과 고모가 저기서 미소를 짓고 있다. 어두컴컴한 자리에서 두 사람의 옅은 미소가 흐릿하게 보인다. 부모님 역시 웃음을 짓고 있다. 우리는 학사모를 쓴 채 색색의 띠를 두르고 서 있다. 장내에는 자부심과 흥분의 기운이 감돈다. 미래에 대한 약속을 받은 듯이.

우리는 높은 연단 위로 올라가 걸음을 옮긴다. 처음 보는 한 여자가 내 이름을 잘못 호명했지만, 나는 당황한 기색을 재치 있게 숨긴다. 그러고는 문서 한 장을 건네받는다. 수만 달러를 치른, 다년간의 활동이 막을 내리는 순간이다. 이름과 라틴어 같은 게 찍혀 있는, 비싸도 너무 비싼 문서 한 장을 받고 말이다. 그리고 연단을 내려오는데 표지판 하나가 눈에 들어온다.

```
┌─────────────────────────────────────┐
│   극단의 왕국에 오신 것을 환영합니다.          │
│   칠면조가 되지 마세요.                    │
└─────────────────────────────────────┘
```

졸업생들 대부분은 이미 때가 늦었다는 사실을 인식하지 못한다. 그들 중 대부분은 이미 칠면조가 되어 버렸다.

극단의 왕국에서 살아남기 위한 첫 번째 규칙: 추수감사절 칠면조가 되지 마라.

극단의 왕국에서 살아남기 위한 두 번째 규칙: 절대로 추수감사절 칠면조가 되지 마라.

▌평범의 왕국에서 자라 극단의 왕국에서 살아가기

나심 니콜라스 탈레브(Nassim Nicholas Taleb)는 자신의 저서 『안티프래질*Antifragile*』에서 이렇게 말했다. "무작위성이 위험하고 나쁜 것이라는 생각 – 그리고 무작위성을 제거해야 무작위성이 사라진다는 생각 – 은 삶에서 일어나는 주요한 착각이다. (…) 평범의 왕국에는 단 하나의 극단적인 변수가 아니라 상당히 많은 변수가 존재한다. 극단의 왕국에는 변수가 거의 존재하지 않지만, 발생하는 변수는 극단적인 것이다."

5 극단의 왕국에서 추수감사절 칠면조가 되지 않는 법

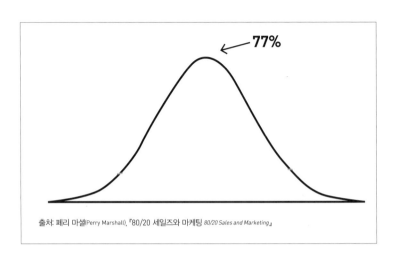

출처: 페리 마셜(Perry Marshall), 『80/20 세일즈와 마케팅 *80/20 Sales and Marketing*』

    고등학교나 대학교에 다닌 사람이라면 위 그래프에 익숙하다. 선생님이 학생들의 성적을 칠판에 적을 때, 위와 같은 종형 곡선의 형태가 나타난다. 몇몇은 매우 좋은 성적을 기록하고, 또 몇몇은 아주 형편없는 성적을 보인다. 대다수 학생들은 위 그래프에서 중간 어딘가에 속하게 된다. 이것이 거의 모든 사람들이 성장하며 믿게 되는 세상의 모델이라고 할 수 있다. 바로 '평범의 왕국(Mediocristan)'이다.

    이 모델을 바탕으로 대부분의 역사에서 세상이 어떻게 작동했는지, 학교를 졸업하거나 보통의 직장을 떠날 때까지 사람들에게 세상이 어떻게 돌아갔는지 엿볼 수 있다. 예컨대, 생물학적 체계는 평범의 왕국에 존재한다. 사람 100명을 대상으로 신장을 표시할 경우, 위 그래프와 매우 비슷한 곡선이 그려질 것이다. 사람들은 대부분 평균 신장을 가지고 있다. 소수만이 키가 매우 크고, 또 소수만이 키가 매우 작다.

그럼에도 평범의 왕국에서 바라보는 관점이 모든 시스템의 작동 방식에 적용되는 것은 아니다. 비생물학적 체계, 인간이 만든 체계, 경제와 같은 현대적 시스템, 우리의 사업과 경력은 평범의 왕국에 존재하지 않는다. 이것들은 모두 '극단의 왕국(Extremistan)'에서 운용된다. 예를 들어 학교를 졸업한 이후 사람들에게 어떤 결과가 산출될지 생각해 보라. 종형곡선 형태를 띠지는 않을 것이다. 소위 파레토

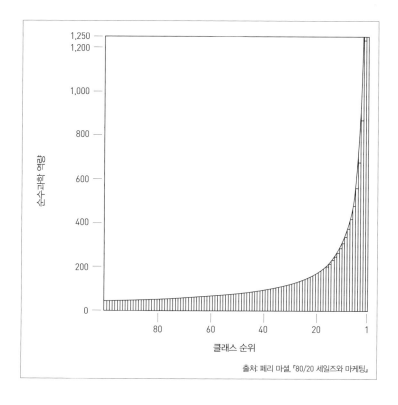

출처: 페리 마셜, 『80/20 세일즈와 마케팅』

5 극단의 왕국에서 추수감사절 칠면조가 되지 않는 법

분포(Pareto distribution)라고 하는 80/20 곡선 형태를 보일 것이다.

앞의 그래프를 살펴보자. 보는 바와 같이 소수의 학생들이 순수과학 역량을 거의 다 보유하고 있을 것이다. 그들은 NASA와 같은 연구소에 자리를 잡든가 유명한 컨설팅 기업으로부터 입사 제의를 받을 것이다. 어쩌면 의과대학원에 들어갈지도 모를 일이다. 그런데 평균 이상의 졸업생들 대부분은 남보다 특별히 뛰어난 부분이 있지 않는 한 NASA 같은 명성 있는 연구소에 들어가지 못한다. 뇌 전문 외과의사가 된 사람은 A 클래스로 졸업했을 가능성이 크고, 요양원에서 일하게 된 사람은 B 클래스로 졸업했을 가능성이 크다.

과장된 면이 있다는 점을 인정하지만, 이게 현실이다. 대학을 졸업한 친구들을 떠올려 보라. 졸업 후 결과가 '공정하게' 산출되었을까? 예외적으로 잘나가는 친구들이 몇 명 있을지도 모르겠다. 그래도 대다수는 취업난에 허덕이고 있지 않은가?

대학을 졸업할 때까지(그리고 한참 후 직장을 얻을 때까지) 우리 주변의 모든 것들은 우리로 하여금 평범의 왕국에 살고 있다는 환상을 사실로 믿게끔 만들었다. 오늘날 학교 체계는 세상이 안전하고 예측 가능하다는 믿음을 주입시키기 위해 형성되어 있다. 평균값을 중심으로 좌우 대칭을 이루는 가우스 분포(Gaussian distribution)는 딱 봐도 일리가 있다. 타당해 보이는 것이다. 하지만 위험한 개념이다.

우리는 평범의 왕국에 살고 있다는 믿음 아래서 인생의 중대한 결정을 수없이 내린다. 하지만 우리는 평범의 왕국에 살고 있지 않다. 단 한순간에 자산을 두 배로 늘리는 사람들이 있는가 하면, 재산을 몽땅 탕진하는 사람들도 있다. 가령, 회사가 상장하거나 파산을 발표하는 경우가 그러할 것이다. 경우에 따라 주식이 다섯 배로 뛰거나 바닥을 치는 것이다.

역사적으로 인간이 만든 제국은 프랑스의 바스티유 감옥 습격이라든가 미국의 독립선언 같은 단일 사건으로 인해 붕괴되었다. 이와 같은 사건들은 극단의 왕국에서 일어날 법한 변화다. 갑자기, 격렬하게, 예측 불가능하게 변화가 일어난다.

오늘날 우리의 삶도 마찬가지다. 기술이 진화를 거듭함에 따라 극단의 왕국에서 삶을 살아가는 경향이 강해지고 있다. 우리 주변의 세상은 점점 더 많은 것들이 생물학적 측면에서 인공적인 측면으로 옮겨 가고 있으며, 우리의 삶과 경력이 극단의 왕국에서 이루어지는 정도도 갈수록 심해지고 있다. 기술 발달과 세계화도 끊임없이 계속되고 있다. 그리고 이는 중산층이 사라지는 결과로 이어지고 있다.

▌극단의 왕국이 만들어 낸 저커버그 현상

성년이 됨과 동시에 평범의 왕국에서 극단의 왕국으로 던져지는 일이 개인의 문제만은 아니다. 전 세계적으로 극단의 왕국을 향한 구조적 변화가 일어나고 있다. 100년 전에만 해도 성년이 되어 직장에 들어가기가 지금처럼 하늘의 별따기는 아니었다. 당시에는 우리가 현재 살아가는 세상과는 다른, 평범의 왕국에 훨씬 더 가까운 세상으로 진출했다.

과거에 우리의 부모, 대학 관계자, 기업가가 세상의 안정성에 대한 예측치를 제시했을 때는 결코 기만적인 의도가 내포되어 있지 않았다. 그건 삶의 경험에서 우러나온 정직한 믿음이었다. 그리고 그 삶의 경험은 대부분 평범의 왕국에서 생겨난 것이었다. 우리의 부모들 중에는 평생 한 직장을 다니고, 한 지역에서 삶을 꾸린 이들이 많았다. 20세기 대부분 기간 동안에는 현실이 그러했다.

하지만 이제 기술이 발전하고 세계가 하나로 연결되면서 평범의 왕국이 사라지고 극단의 왕국이 들어서고 있다. 그 여파는 더욱 극단적으로 나타난다. 서른한 살에 최연소 억만장자가 된 빌 게이츠(Bill Gates)를 생각해 보라. 페이스북 창립자 마크 저커버그는 또 어떤가? 그는 스물세 살에 주식 갑부가 되었다. 부의 격차는 계속 확대되고 있다.

20세기에는 이전 어느 세기보다 전쟁이 적게 일어났다. 하지만 소수의 전쟁에서 과거 어느 전쟁보다 훨씬 더 많은 희생자를 낳았다. 극단의 왕국에서 살아가는 모습을 여실히 보여 주는 징후다. 지금 세대는 모든 면에서 과거 어느 세대보다 평화로운 시대를 살고 있다. 하지만 개인이 세상에 막대한 손실을 입힐 수 있는 힘을 역사상 가장 많이 가지게 된 것도 사실이다. 예컨대, 어느 극단주의자가 보유한 핵폭탄은 과거 어떤 무기에도 비교할 수 없을 정도로 엄청난 피해를 세상에 입힐 수 있다.

기업 세계에서도 동일한 현상이 일어나고 있다. 장기적이고 안정적인 일자리를 구하려 하는 지금 세대의 현실에서도 마찬가지다. 세상이 지금 그 어느 때보다 평화롭다고 여기는 것과 마찬가지로 많은 사람들이 구직 현실에 대해 잘못된 믿음을 가지고 있다. 향후 50년 동안은 안정적인 정규직 일자리가 확보될 거라고 믿고 있는 것이다. 하지만 그것은 지난 50년 동안 가능했던 이야기다.

지금까지 세상이 평화로웠으니 앞으로도 그럴 거라고 추측하는 것처럼, 우리는 일자리에 대해서도 같은 추측을 하고 있는 게 아닐까? 다시 말해 미래에도 그럴 거라는 확실한 근거가 있어서가 아니라 지금까지 그래 왔으니 괜찮을 거라고 추측하는 것이다.

▌추수감사절 칠면조가 되지 마라

사람들은 대학에서 사회로 나가거나 회사를 그만둘 때 칠면조처럼 생각하는 경향이 있다. 나 역시 칠면조처럼 생각했다. 칠면조의 세상인 평범의 왕국에서 평생을 보냈으니 세상을 그렇게 이해하는 것이다. 비교적 최근 역사에 이르기까지 그와 같은 세계관은 매우 합리적인 것이었다. 하지만 그것은 잘못된 믿음이다. 탈레브의 『안티프래질』에 나오는 칠면조 비유를 살펴보자.

푸줏간 주인은 1000일 동안 먹이를 준다. 그는 매일 '통계적 신뢰도'를 조금씩 높여 가면서 자신이 칠면조를 사랑한다는 사실을 확인시켜 준다. 주인은 추수감사절 며칠 전까지 칠면조에게 계속 먹이를 줄 것이다. (…) 칠면조는 자신을 아끼는 주인에 대한 믿음이 최고조에 다다르고 자신의 삶에 대해서 '아주 편하게' 예측하고 있는 바로 그 순간 벌어지는 놀라운 광경 앞에서 믿음을 수정할 것이다.

돌이킬 수 없는 단 한 번의 결정이 미래를 좌우하는 세상, 그 세상을 추수감사절 전까지 칠면조가 가지는 믿음에서 명백히 볼 수 있다. 추수감사절용 칠면조는 태어난 날부터 모든 면에서 모든 것이 나아지기만 하는 삶을 산다. 칠면조는 안전하게 살균된 환경에서 태어나 매일 먹이를 먹고 보살핌을 받는다. 이런 패턴은 하루도 빠

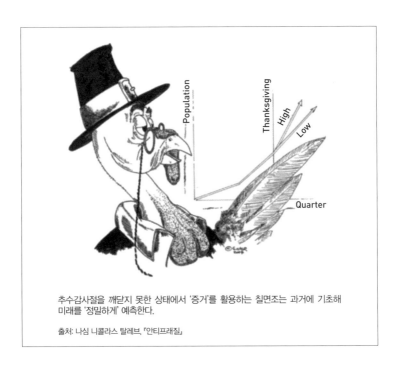

추수감사절을 깨닫지 못한 상태에서 '증거'를 활용하는 칠면조는 과거에 기초해 미래를 '정밀하게' 예측한다.

출처: 나심 니콜라스 탈레브, 『안티프래질』

짐없이 매일 반복된다. 칠면조는 먹을 것이 풍부하고 살 곳이 있다는 것을 깨닫는다. 그러다 11월 네 번째 수요일, 지난 시간의 데이터가 삶이 계속 개선될 가능성을 보여 주는 순간, 칠면조는 깨닫는다. 칠면조가 되는 것이 그리 좋은 일이 아니라는 사실을 말이다.

말하자면, 우리가 안전에 대해 가장 확신하는 순간이 실은 가장 위험에 빠질 가능성이 큰 순간이다. 그때는 대개 너무 늦은 순간이다. 살찌고 게을러진 칠면조에게는 별다른 선택의 여지가 없다. 그러니 칠면조가 되지 말아야 한다.

▌안정적인 직업이란 존재하지 않는다

당신이 대기업에서 몇 년 동안 회계사로 일했다고 가정해 보자. 이제 회사를 떠나거나 성공을 장담할 수 없는 중소기업에서 수습직원으로 일해야 한다. 이 상황을 바라보는 사람들은 대부분 당신이 안정된 직장을 떠나 위험한 일에 뛰어든다고 생각할 것이다. 하지만 당신은 어떤가. 이전과 달리 열정이 느껴지거나 기분이 들뜰지도 모른다. 그렇지 않은가?

우리가 평범의 왕국에서 산다면 일반적인 사람들의 생각과 다르지 않을 것이다. 하지만 우리가 극단의 왕국에서 살고 있다면 문제가 달라진다. 두 회계사의 실제 사연을 보고 그 이유를 확인해 보자. 한 사람은 랜드이고 다른 사람은 맥스라고 하자.

랜드는 회계사라는 안정된 직업을 가지고 있지만, 곧 그 일을 그만두고 회사를 차리려 한다. 반면 맥스는 지금 다니는 회사에서 회계사로 계속 일하려고 한다. 그렇게 하는 것이 안정적이고 책임감 있는 일이며 현명한 판단이라고 여겨지기 때문이다. 맥스 자신의 삶, 부모님의 삶, 친구들의 삶, 그 모든 것이 그의 선택이 현명하다는 것을 보여 주고 있다.

맥스는 업무가 느슨한 달에 주당 40시간을 일하다가 납세 기간이 다가오면 월 80시간을 더 일한다. 온갖 스프레드시트를 작성하고 그 대가를 받으면서 말이다. 마치 푸줏간 주인이 칠면조의 여물통을 채워 주듯이 2주에 한 번씩 은행계좌에 2876달러가 들어온다. 안정된 소득은 안정된 가치 창출을 해 주는 평범의 왕국에 대한 환상을 불러일으킨다. 매우 위험한 착각이다. 치명적이다. 우리로 하여금 조용히 위험을 축적하게 만들기 때문이다.

세상을 위해 아무런 가치를 만들어 내지 않으면서도 소득을 창출하고, 극히 적은 가치를 창출하면서도 보상을 얻을 수는 있다. 분명히 그렇다. 예컨대, 지금까지 존재했던 모든 정부의 관료주의를 보라. 좀 더 구체적으로 맥스의 상황을 들여다보자.

친애하는 맥스 씨,

맥스 씨의 자리는 마리사 씨가 대체하게 되었습니다. 마리사 씨는 런던 대학을 졸업했으며, 현재 필리핀에 거주하고 있습니다. 마리사 씨는 시간당 10달러를 받고 맥스 씨가 했던 업무를 기꺼이 맡기로 했습니다.

안부를 전하며,

인사팀

극단의 왕국에서 아무런 변화 없이 존재하는 비생물학적 시스템은 조용히 위험을 축적하고 있다. 맥스가 그의 직업 경력에서 막 직면한 일이 바로 그러한 사례다. 시장이 수정되지 않은 채 지속되면, 시간이 지날수록 바로잡아야 할 부분이 더욱 커진다. 마찬가지로 우리의 경력과 사업이 가변성과 임의성 없이 오랜 시간 지속되면, 축적되는 근원적인 위험의 양이 점점 더 커진다. 맥스가 회계사 직업을 잃은 이유는 기존 운영 체계에서 벗어나지 않고 새로운 체계를 세우는 데 필요한 역량을 쌓지 않았기 때문이다. 그는 선택 가능한 대안이 줄어드는 체계를 따르곤 했다.

맥스는 극단의 왕국이라는 현실로부터 오랫동안 보호되었기에 평범의 왕국에서 자신의 신념을 바탕으로 의사결정을 내렸다. 평범의 왕국에서 맥스의 현실은 어떨까? 맥스는 가족을 부양해야 하고, 주택담보대출이 있으며, 지출이 많다. 이러한 것들 역시 조용한 위험이다. 맥스는 매달 많은 비용을 지출했다. 급여가 안정적으로 계속 들어올 뿐 아니라 점점 오를 거라고 믿었기에 주택담보대출 신청과 같은 중대한 결정도 내렸다. 어쩌면 다른 도시에서 좋은 기회를 잡을 수 있을지도 모른지만 주택담보대출을 받은 상황에서 어떻게 이주할 수 있겠는가? 수십 년 동안 조용한 위험이 축적되었기 때문에 그 모든 것이 한꺼번에 그를 덮친 것이다. 맥스는 지출을 대폭 줄여야 하는 것은 물론 집을 잃고 가족에게 엄청난 고통을 안겨 주게 될지도 모른다.

적정 수준의 가변성은 유익한 것이다. 바닥에 누운 상태로 트레이너가 던지는 5킬로그램짜리 메디신볼(medicine ball)을 받아 다시 던지다 보면, 몸을 앞뒤로 굽혔다 폈다 하는 운동 효과가 생기는 것처럼 말이다. 하지만 차량이 우리를 덮칠 때와 같은 급격한 가변성은 위험하다. 자칫 잘못하면 목숨을 잃을 수도 있다. 우리의 경력과 사업에 있어서도 적정 수준의 가변성은 이로운 것이다. 문제는 푸줏간 주인의 도끼가 칠면조의 목숨을 앗아 가는 것과 같은 큰 사건이 발생할 수도 있다는 데 있다.

10년 동안 시장에서 거의 가치를 창출하지 못한 채 어떤 직업에 종사하고 있다고 가정해 보라. 가족을 부양해야 하고 주택담보대출을 갚아야 한다. 그리고 소득을 가장 많이 얻어야 할 시기인 마흔 줄이 되자 젊고 경쟁력 있는 다른 누군가에게 자리를 빼앗기거나 기계가 그 자리를 대체한다. 이런 상황에서 우리는 추수감사절의 칠면조와 다름이 없다.

▎안전한 것이 가장 큰 위험을 가져다준다

그럼 이제 랜드에 관한 이야기로 넘어가 보자. 랜드는 한때 맥스 옆자리에서 일했다. 랜드가 회계사 일을 그만둔 것은 대부분의 사람들이 직장을 떠나는 것과 비슷한 이유 때문이었다. 그들과 마찬가지로 창업을 하거나 규모가 작지만 진취적이고 창의적인 기업에서 일하기 위해서였다. 랜드는 일이 즐겁지 않고 의미와 만족을 찾을 수 없는 자리에서 향후 25년을 더 일하면서 삶을 보내고 싶지 않다는 결론에 도달했다. 당시에는 현명한 결정을 내린 것인지 확신이 들지 않았지만, 칠면조 문제에 비추어 다시 고민을 해 봐도 괜찮은 선택이라는 생각이 들었다.

랜드는 애팔래치안 트레일(Appalachian Trail)을 하이킹하며 반년을 보낸 후 세계일주 비행기 표를 예매했다. 그런데 여행을 하면서 몸에 좋은 음식을 찾는 게 여간 어려운 일이 아니었다. 영양소가 골고루 함유된 제대로 된 식사거리를 전혀 찾지 못하던 차에 그는 식사대용식 바 제조업체를 창업하기로 결심했다.

랜드는 현재 부모님 댁 지하실에서 생활하며 식사대용식 바를 굽고 있는데, 지금 당장은 많은 돈을 벌고 있지 못하다. 맥스와 랜드의 가장 큰 차이점은 각자가 한 선택에 따라 얻게 된 피드백이다. 맥스에게는 조용한 위험이 축적되고 있었지만, 랜드에게는 그렇지 않았다. 대신 랜드는 수익이 나지 않는다는 피드백을 얻게 되었다. 만약 랜드가 웹사이트를 구축했는데 아무도 그가 만든 식사대용식을 사지 않는다면, 그런 상황 역시 피드백이다. 은행계좌에 한 푼도 들어오지 않았기에 랜드는 결단을 내렸다. 그는 제품을 변경했으며, 마케팅에 변화를 주었다. 그러자 매출이 늘어나기 시작했다.

랜드는 자라는 아기 새처럼 밖으로 나가 먹이를 쪼아 먹어야 한다. 여물통 안에 보이는 것만 찾아서는 안 된다. 아직 소득이 안정적이지 않지만, 이제 먹이를 어디서 어떻게 찾아야 할지 배우고 있다. 배가 고픈 날이 가장 많은 것을 배우는 날이 된 것이다.

창업 활동에 위험이 따르지 않는다는 보장은 없다. 개인적인 부채가 생기고, 주변 사람들과의 관계가 나빠지고, 잠재소득을 잃는 등 보통은 여러 문제가 생기기 마련이다. 그럼에도 위험을 다루는 방식에 따라 차이가 생긴다.

직장에 다니는 사람들 대부분이 조용한 위험을 축적하는 것에 비해 창업에 따르는 위험은 눈에 훨씬 더 잘 들어온다. 이를테면 랜드는 이번 달에 매출이 하락하는 경우, 즉시 그 사실을 알아채고 그에 맞는 대책을 마련한다. 맥스의 회사 이야기를 해 볼까? 회사의 실적이 떨어지고 외부 인사가 영입될 상황이 막 닥칠라치면, CEO는 상황이 호전되고 있으며 장차 사정이 나아질 거라는 공지를 띄워 직원들을 안심시킬 것이다. 하지만 맥스가 인사팀으로부터 해고 통지를 받기까지는 어떠한 피드백도 일어나지 않는다.

당신이 10년 동안 비가치적인 회계 일을 하면서 매달 꼬박꼬박 급여를 받아 왔는데, 어느 날 인사팀에서 비교 우위에 있는 다른 누군가가 해당 업무를 대신 맡게 되었다는 통보를 해 온다고 가정해 보라. 이런 상황에서 당신에게는 선택권이 거의 없다. 당신과 같은 직종에 있는 인력들이 해외로 빠져나가고 있는 상황인 데다 당신의 역량은 스스로 규정할 수 있는 게 아니라 이미 확립된 시스템에서 운영되고 있을 뿐이다.

한편 랜드의 수입은 들쑥날쑥한 상황이다. 몇 달은 실적이 좋다가도 몇 달은 그렇지 않다. 그래도 시간이 갈수록 사정이 나아지고 있다. 기술도 늘고 있다. 또한 장차 도움이 될 만한 창업가들과 인맥을 쌓고 있다. 뿐만 아니라 사업 관리 체계를 잡아 가면서 목표 달성에 실패할 때마다 기존의 관리 체계에 변화를 주고 있다. 랜드는 위험이 눈에 잘 띄고 피드백 메커니즘이 보다 직접적으로 작용되는 영역을 넘어 복잡성의 영역에서도 또 다른 역량을 개발하고 있다. 바로 위험을 '다루는' 기술을 늘리고 있는 것이다.

반면 맥스는 위험도 없고, 실수도 없고, 변수도 없는 길을 고수했다. 안정된 소득을 얻고 확실히 진급할 수 있는 길을 택한 것이다. 이는 걷잡을 수 없는 내리막길로 스스로를 내몰았다. 새로운 체계를 창출하거나 복잡성의 영역에서 활동하기 위한 역량을 쌓지 못한 채 나이 마흔에 해고되었다. 랜드는 현명한 반면, 맥스는 어리석어서 생긴 일이 아니다. 맥스를 둘러싼 환경(학교에서 보냈던 시간, 부모님의 직업 경력, 그가 쌓아 온 직업 경력)이 그가 선택한 길이 현명하고 안전하다고 확인해 주었을 뿐이다.

하지만 이제는 삶의 규칙과 레버리지 포인트가 우리의 성장 경로에서 불분명한 방식으로 바뀌었다. 그런 까닭에 많은 사람들이 추수감사절 주간을 맞이하고 있다.

▌과거를 말하지 마라, 위험은 미래의 방식으로 닥쳐 온다

나심 니콜라스 탈레브는 이렇게 말한다. "숙련 기술자들, 말하자면 택시 운전기사, (아주 오래된 직업인) 매춘부, 목수, 배관공, 재단사, 치과의사는 소득이 가변적이다. 그러나 소득이 완전히 끊겨 버리는 것과 같은, 직업적으로 이례적인 상황에서 오히려 강건한 모습을 보여 준다. 그들의 위험은 뚜렷이 드러난다. 소득이 가변적이지 않은 고용인은 그렇지 못하다. 그들은 인사팀으로부터 걸려온 전화 한 통에 느닷없이 소득이 제로가 되는 경험을 할 수 있다. 고용인의 위험은 숨겨져 있다. 가변성 덕분에 숙련 기술자들의 경력에는 약간의 안티프래질리티(antifragility)가 담겨 있다. 약간의 가변성이 그들로 하여금 환경으로부터, 끊임없이 적합해져야 한다는 압박을 받는 상황으로부터 무언가를 배움으로써 계속해서 적응하고 변화하게끔 만든다."

우리는 대개 전통적 직업이 안정적이며 늘 그래 왔다는 믿음을 쌓았다. 내게도 오랫동안 그런 믿음이 있었다. 과거로부터 이어져 온 경향을 본다면 일리가 없지 않다. 그런데 과거로부터 이어져 온 것의 문제는 바로 그것이다. 과거로부터 이어져 왔다는 점 말이다.

극단의 왕국에서 위험은 과거의 방식으로 존재하는 게 아니다. 위험은 미래의 방식으로 존재한다. 그 위험은 평생 단 한 번 닥치는 하나의 사건으로 극단의 왕국을 규정짓는다. 그러므로 우리 삶에서 지금까지는 그 위험이 닥치지 않았다고 말해야 정확한 것이다. 그 위험은 다가오고 있다.

그러니 지난 40년 동안 안정적이었던 직업이 향후 40년 동안에도 안정적일 거라고 말하는 건 20세기가 19세기에 비해 폭력적이지 않았다고 말하는 것만큼이나 비논리적인 결론이다. 물론 두 세계대전을 배제한다면 틀린 말도 아니다. 그렇다면 20세기는 역사상 가장 안전하고 비폭력적인 시대였다. 그러나 세계대전이라는 엄청난 사건이 한 세기 전반을 역사상 가장 폭력적인 시대로 만들어 버렸다. 이전까지 인류 역사에서 한 국가가 버튼 하나로 인류의 99퍼센트를 파괴할 힘을 가진 적은 없었다. 하지만 이제 그것은 냉전 이래 우리가 함께해 온 현실이다. 군비 축소에 모든 노력을 기울였음에도 불구하고 우리는 살아가면서 계속 그런 현실을 마주해야 한다. 탐탁지 않다 해도 그것이 현실이다. 세상은 매일 점점 더 극단의 왕국을 닮아 가고 있다. 그래서 그에 적응할 수 있어야 한다는 사실을 깨달아야 한다.

맥스의 판단이 지난 100년 동안 안전한 결정이었다고 해서 그것이 미래에도 안전하리라는 걸 말해 주는 것은 아니다. 겁을 주려는 게 아니다. 다만 현실을 깨닫길 바랄 뿐이다. 한때 안전했던 것이 지금은 위태롭다. 또한 한때 위험했던 것이 지금은 안전하다.

Part 4

비즈니스의 한계가
없어진다

The
End
of

Jobs.

롱테일은『와이어드*Wired*』의 편집장 크리스 앤더슨(Chris Anderson)이 자신의 베스트셀러『롱테일 경제학*The Long Tail*』에서 소개해 유행시킨 개념이다. 그는 자신의 책에서 기술로 인해, 그중 주로 인터넷으로 인해 비즈니스와 창업에 관한 전통적인 규칙이 달라졌다고 설명한다. 인터넷 비즈니스에서 성공한 기업들 상당수가 20퍼센트의 머리 부분이 아니라 80퍼센트의 꼬리 부분에 기초해 성공했다는 것이다. 다양한 틈새시장의 중요성을 강조한 것이다.

1998년 데릭 시버스(Derek Sivers)는 뉴욕에서 음악가로 활동하고 있었다. 그는 입버릇처럼 자신이 원하는 것을 이루었다고 말하곤 했다. 음악가가 되어 어린 시절의 꿈을 실현한 데다 그 일로 돈을 벌어 집까지 장만할 수 있었기 때문이다. 그러던 어느 날, 그는 자신의 음악을 선별해 '인터넷'에서 판매하면 좋지 않을까 하는 생각이 들었다. 이후 3개월에 걸쳐 웹사이트를 만든 그는 쇼핑카트와 결제 시스템 등을 갖춰 음반 판매에 성공했다.

데릭이 인터넷에서 음반을 판매한다는 소식이 들리자 동료들이 자신들의 음반도 인터넷에서 판매할 수 있는지 물어 왔다. 데릭의 대답은 간단했다. "안 될 게 뭐 있어?" 이후에는 '그들의' 동료들이 문의해 왔다. 그때부터 그는 음악가들이 음반을 올릴 수 있게 해 주는 대가로 요금을 부과했다. 그렇게 취미로 시작한 일이 시디베이비닷컴(CDBaby.com)의 창업으로 이어졌다. 그리고 2008년에는 마침내 음반 제조업체인 디스크 메이커스(Disc Makers)가 2200만 달러에 시디베이비닷컴을 사들였다.

시디베이비닷컴은 롱테일 개념을 기반으로 창업된 회사라는 점에서 성공할 수 있었다. 과거에 인디 음악가들은 자신들의 음악을 팔고 싶어도 음반을 제작해 유통할 엄두를 내지 못했다. 하지만 디지털 기술의 발달과 인터넷의 확산이 판을 완전히 바꿔 버렸다. 그들도 적은 비용으로 쉽게 음반을 판매할 수 있게 된 것이다. 음악 산업에 혁명과도 같은 일이 일어난 셈이다. 데릭은 자신이 마치 1960년대 우드스톡 페스티벌에 참여한 사람이라도 되는 것처럼 말했다. "어이 이봐, 족쇄가 풀렸다네! 음반 회사가 더 이상 우리를 막지 못하게 됐어."[30]

음반 매장이 유통을 통제하는 시스템에서는 재고 관리 비용이 만만치 않아 음반을 계속 쌓아 둘 공간에 한계가 있기 마련이다. 음반 매장에서 공간을 늘리려면 당연히 그만큼 비용을 지출해야 한다. 따라서 특정 음반이 많이 팔리지 않을 경우, 해당 음반을 계속 진열할 수 없게 된다. 반면 시디베이비닷컴은 달랐다. 인터넷에서 음반을 판매했기에 보다 많은 재고를 관리할 수 있었을 뿐 아니라 판매용 음반 목록을 늘리는 비용도 거의 제로 수준으로 떨어졌다. 웹사이트를 만들어 놓기만 하면 상품 페이지를 추가하는 비용은 무시해도 좋은 수준이었으며 개별 상품에 대한 비용은 오히려 감소했다.

과거에 일반적인 유통 시스템에서 음반을 판매하려면 몇 천 달러를 지불해야 했다. 또한 판매 수익을 지급받기까지 거의 1년이 걸리기도 했다. 음반 매장에서 팔리지 않은 앨범을 반품할 때까지 음악가에게 판매 수익을 지불하지 않았기 때문이다. 게다가 앨범을 구입한 고객들이 누구인지 파악할 수 없었기에 새 앨범을 제작해도 그들을 타깃으로 홍보하거나 판매할 수가 없었다. 이에 비해 시디베이비닷컴에서 음반을 판매하려 할 때 지불해야 하는 등록 비용은 고작 35달러다. 또한 음반 판매 대금을 매주 결제받을 뿐 아니라 고객 명부를 이메일 주소와 함께 제공받아 향후 새로운 앨범 판매에 활용할 수 있다.

비용: 3000달러 → 35달러 = 100배 싼 비용

결제 기간: 9개월 → 1주일 = 36배 빨라진 결제

고객 커뮤니케이션: 고객 파악 불가능 → 모든 고객의 연락처 확보

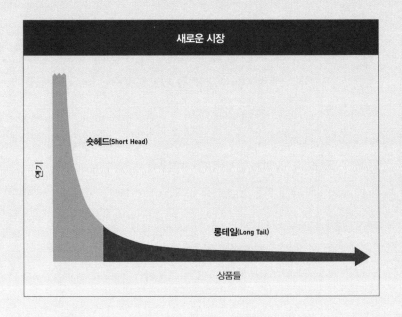

시디베이비닷컴은 한마디로 숏헤드(Short Head)의 한계에서 벗어나 롱테일(Long Tail)을 '노출시켜' 음반 업계에 혁명을 일으킨 것이다.

앤더슨은 『롱테일 경제학』에서 한 지인의 사연을 자세히 소개한다. 록 밴드 버드몬스터(Birdmonster)의 일원인 그가 데릭과 시디베이비닷컴이 실현한 롱테일의 혜택을 받았다는 것이다.

과거에는 막 활동을 시작한 밴드들이 공연할 무대를 찾을 별다른 방법이 없었다. 대부분 공연을 따내기 위해 클럽 소유주들을 끈덕지게 찾아다닐 수밖에 없었다. 버드몬스터도 마찬가지였다. 하지만 매번 인기 밴드들의 공연으로 꽉 차 있었고, 신인 밴드의 공연에 대해서는 '추후 공고'라는 말만 계속 돌아왔다.

하지만 구글을 비롯한 인터넷 시스템이 모든 것을 바꿔 놓았다. 인터넷 검색을 활용하여 공연할 클럽을 찾아 접촉할 수 있게 된 것이다. 또한 마이스페이스(Myspace) 등 온라인 커뮤니티를 통해 팬들의 관심과 성원을 독려하면서 이메일로 그들과 직접 소통할 수도 있게 되었다. 또한 이러한 온라인 커뮤니티는 클럽 소유주들에게 공연에 참석할 팬들이 확보되어 있다는 사실을 알리는 데도 활용할 수 있었고, 이에 따라 공연 장소와 일정을 훨씬 더 쉽게 잡을 수 있게 되었다.

버드몬스터는 이렇듯 새롭게 형성된 시장 환경의 혜택 속에서 훌륭한 라이브 공연 기록을 세울 수 있었고, 안정된 팬 층을 확보하자마자 지역의 독립 음악 스튜디오에서 세 곡의 음악을 녹음할 수 있었다. 이후 버드몬스터는 자신의 개인 컴퓨터에 저렴한 비용으로 소프트웨어를 설치하여 음악을 편집한 후 시디베이비닷컴에 앨범을 올렸다. 10년 전에만 해도 상업적으로만 가능했던 일을 인디 밴드가 해낸 것이다.

시디베이비닷컴은 버드몬스터의 앨범을 온라인에서 판매할 수 있게 했을 뿐 아니라 유명 음반 회사 뮤지션들의 음악처럼 구매하고 스트리밍할 수 있게 만들었다. 또한 이메일로 소수 블로거들에게 앨범에 담긴 음악을 소개함으로써 그들이 앨범을 평가하고 입소문을 내게끔 만들었다. 결국 버드몬스터의 앨범은 팬들과 미디어의 호평을 받기 시작했다. 그러자 음반 회사를 비롯한 업계 종사자들이 온갖 거래를 제안해 왔다. 하지만 버드몬스터는 모든 요청을 거절했다.

음반 회사는 4가지 주요한 이유로 존재한다. 인재 발굴, 스튜디오 임대비 조달(창업 자본 조달과 비슷한 개념), 유통, 마케팅이 바로 그것이다. 그런데 버드몬스터가 판단하기에는 그 모든 것이 그들 스스로 해낼 수 있는 일들이었다. 그것도 훨씬 저렴한 비용으로 더욱 좋은 결과를 얻을 수 있었다. 그들은 공연 일정을 잡아 가면서부터 이미 자신들에게 재능이 있다는 사실을 깨달았다. 게다가 그들의 개인 컴퓨터로 음악을 편집하기 시작하면서부터는 스튜디오 임대비를 조달할 필요도 없어졌다.

시디베이비닷컴은 아이튠즈와 랩소디(Rhapsody) 같은 세계적인 스트리밍 서비스 업체에 음원을 배급하는가 하면, 9개월 후 결제를 해 주는 전통적인 유통업체들과 달리 서비스 이용료를 매주 지불했다. 또한 마이스페이스 페이지(2000년대 초반)와 유명 블로거들에게 보내는 이메일은 음반 회사들이 마케팅 목적으로 제공하는 그 어떤 것보다도 훨씬 더 큰 효과를 발휘했다.

버드몬스터가 음반 업계에서 써 내려간 이야기가 보여 주듯, 창업가들은 디지털 기술과 인터넷을 통해 놀라운 성공을 거둘 수 있다. 이러한 혁명적 환경 속에서 우리는 지금 비즈니스 전반에 일어나는 롱테일 현상을 목격하고 있다. 기술의 발달로 소규모 밴드들이 얼마든지 앨범을 판매할 수 있게 된 것처럼, 과거 그 어느 때보다도 누구나 창업가정신을 구현하고 이를 통해 수익을 거두는 일이 쉬워진 것이다.

▌롱테일을 가능하게 만드는 3가지 주요 동인

인간 게놈 프로젝트를 수행하던 과학자들은 기술의 발달이 프로젝트의 진행을 얼마나 빨리 가속화시킬지 예상하지 못했다. 창업에 필요한 기술이 발달하는 과정에서도 같은 일이 벌어지고 있다. 창업 진입 장벽이 대부분의 사람들이 느끼는 것보다 훨씬 더 급속히 낮아지고 있는 것이다. 이처럼 창업에 대한 접근성이 과거 그 어느 때보다 높아진 데에는 롱테일의 법칙이 핵심적인 힘으로 자리 잡고 있다. 여기서 롱테일을 가능하게 하는 3가지 주요한 동인을 살펴보자.

1. 생산도구의 대중화로 상품 창출 비용이 감소한다

버드몬스터가 저렴한 소프트웨어를 이용하여 그들의 PC로 음악

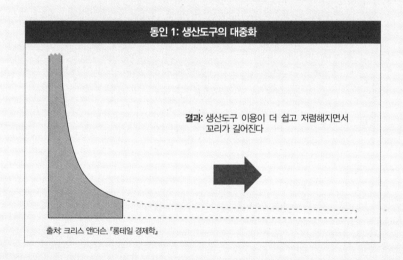

동인 1: 생산도구의 대중화

결과: 생산도구 이용이 더 쉽고 저렴해지면서 꼬리가 길어진다

출처: 크리스 앤더슨, 『롱테일 경제학』

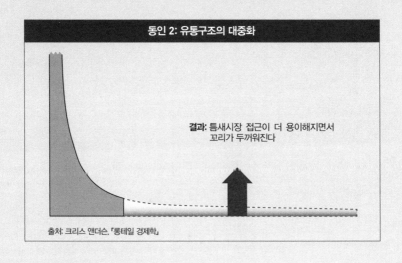

동인 2: 유통구조의 대중화

결과: 틈새시장 접근이 더 용이해지면서 꼬리가 두꺼워진다

출처: 크리스 앤더슨, 「롱테일 경제학」

을 제작했듯이, 창업가들은 초기 자본을 거의 들이지 않고 저렴한 생산도구로 어디에서나 사업을 시작해 운영할 수 있게 되었다.

2. 유통구조의 대중화로 누구나 미디어 기업이 될 수 있다

유통구조의 대중화가 과거 그 어느 때보다 쉽고 저렴하게 시장에 진출할 수 있게 만들었다. 또한 유튜브, 팟캐스트, 블로그 같은 디지털 유통 채널 덕분에 새로운 시장에 진입하고 상품을 선보이는 일이 수월해졌다.

3. 매일 새로운 시장이 창출된다

새로운 상품을 구매할 수 있는 틈새시장이 계속 등장하고 있다. 주류시장보다 더 많은 틈새시장이 존재한다. 과거에는 음반 매장이

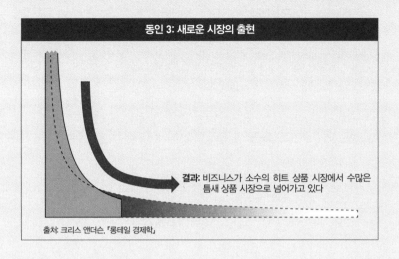

동인 3: 새로운 시장의 출현

결과: 비즈니스가 소수의 히트 상품 시장에서 수많은 틈새 상품 시장으로 넘어가고 있다

출처: 크리스 앤더슨, 『롱테일 경제학』

많은 음반을 수용할 유일한 창구였던 것처럼, 과거 전통적인 소매 시장 역시 숱한 사업체들과 상품들을 떠받칠 유일한 통로였다. 하지만 이제 인터넷이 그 규칙을 바꿔 놓았다. 디지털 네트워크상에서 매일 새로운 시장과 비즈니스가 등장하고 있다.

요약하자면, 이제는 인터넷과 디지털 기술의 발달로 창의성과 열정만 있으면 창업을 할 수 있게 되었다는 것이다. 20년 전에만 해도 소매점을 개업하려면 번창한 도심에 위치한 가게를 임대해야 했다. 이는 사업 자금을 지원해 줄 만한 넉넉한 집안에서 자랐거나, 그게 아니라면 은행에 손을 벌려야 한다는 것을 의미했다. 현재로 눈을 돌려 보면, 새로운 유형의 부동산 회사가 눈에 들어온다. 바로 구글과 같은 검색 사이트다.

이제 최적의 사이트를 만든다는 것은 최적의 '부동산'을 얻는다는 것과 같은 말이 되었다. 당신이 '최적의 사이트'가 의미하는 바를 파악할 수 있다면, 20년 전 도심에서 매장을 개업한 사람처럼 '입지 좋은 부동산'을 가질 수 있는 것이다. 이러한 시장은 점점 더 커지고 있으며, 진입하기도 훨씬 더 수월해졌다. 롱테일이 갈수록 더 길어지고, 두꺼워지고, 접근하기 쉬워졌다는 뜻이다.

댄 노리스가 직접 출판한 저서 『창업, 7일이면 충분하다*The 7 Day Startup*』를 보면, 일주일 만에 사업 아이디어를 검증하고 창업을 실행하는 방법을 배울 수 있다. 애초에 그의 웹사이트에서 PDF로 무료 배포될 계획이었던 이 책은 아마존 창업 부문 베스트셀러 1위에 올랐는가 하면 출간된 지 1년도 안 되어 수만 권이나 팔려 나갔다. 소수의 책이 오를까 말까 한 명예의 전당에 입성한 것이다. 이 책이 그토록 인기를 끈 이유는 무엇일까?

댄은 여섯 차례 이상 창업을 시도했다 실패한 경험을 이 책에 담았다. 과거의 댄과 마찬가지로 창업을 처음 시도하는 사람이라면, 매번 이런저런 가정만 하다가 그치기 마련이다. 이는 언제나 있는 일이다. 경험이 부족한 창업가는 늘 숱한 가정만 하다가 돈을 날리는 일이 잦다. 반면에 노련한 창업가는 언제나 사업에 대한 직감을 키운다.

그런데 오늘날의 창업이 과거와 달라진 점이 있다면, 소액으로 시작해 실질적이고 가치 있는 자산으로 성장시킬 수 있다는 데 있다. 댄이 설립한 사업체로, 소규모 기업들에게 워드프레스(WordPress)를 지원하는 WP 커브가 모범 사례다. 댄은 7일 만에 회사를 설립한 후 2년도 안 되어 사업을 완전히 궤도에 올려놓으면서 여섯 자릿수 후반대의 수익을 달성했다.[31]

우리가 지식경제에서 창업경제로 이동한 이래 지난 시간 동안 어떤 변화가 있었을까? 그리고 댄은 그 변화를 어떻게 기회로 활용했을까? 이 대목에서 롱테일의 3가지 동인을 다시 한 번 살펴보자.

1. 생산도구가 대중화되었다.
2. 유통구조가 대중화되었다.
3. 매일 새로운 시장이 창출된다.

지금부터 3가지 동인에 대해 자세히 살펴보자.

6

생산도구의 대중화로
상품 창출 비용이 감소한다

사람들이 창업에 뛰어들지 않는 이유 가운데 하나는 초기 자본에 대한 부담 때문이다. 대개 창업을 희망하는 사람들은 온갖 장비를 구매하고, 직원을 고용하고, 사무실을 임대하는 일을 머릿속에 그린다. 그러나 사업체 수가 대폭 늘어나고 있는 지금, 그렇게 전통적인 방식으로 시작하는 경우를 찾아보기는 힘들다.

페이스북의 탄생과 성장 기록을 담은 영화 〈소셜 네트워크The Social Network〉에서는 마크 저커버그가 대학 기숙사 방에서 페이스북을 설립하는 모습이 그려진다. 이후 페이스북은 모두 알고 있는 것처럼 수백만 달러 가치의 기업으로 성장한다. 제이슨 프리드(Jason Fried)와 데이비드 하이네마이어 핸슨(David Heinemeier Hansson)이 창립한 수백만 달러 가치의 프로젝트 관리 소프트웨어 기업 베이스캠프(Basecamp) 역시 좋은 사례다. 제이슨과 데이비드는 각자 다른 지역에 거주하고 있을 뿐 아니라 웹 개발 컨설팅 회사도 운영하고 있다. 그런데 이는 IT 기업들에게 국한된 이야기가 아니다.

▍공유경제 활성화가 가져다준 혁신

지난 십수 년 동안 인터넷이 보편화되면서 '공유경제(Sharing Economy)'가 확산되었으며 이는 생산도구의 대중화에 기여했다. 또한 기술과 인터넷의 발달로 시장에 신뢰와 투명성이 구축되었다. 이로써 사람들이 현존하는 자원을 공유하고 그것을 보다 수준 높고 개선된 방향으로 재조정하여 생산성의 수준을 높이 끌어올릴 수 있게 되었다. 뿐만 아니라 공유경제가 확산됨으로써 제조 효율성이 올라갔다. 요컨대, 바로 공급량을 늘릴 필요 없이 많은 재고를 확보해 사업을 시작할 수 있게 되었다. 앞서 언급한 시디베이비닷컴의 사례를 통해 이를 확인한 바 있다. 10년 전과 비교해 창업비용이 극적으로 낮아진 것이다(100배는 저렴해졌을 것이다).

호텔 산업을 예로 들어 보자. 과거에는 어떤 도시에 방문객들이 투숙할 공간이 부족할 경우 힐튼 같은 대형 호텔 체인이 달려들어 새로운 호텔을 지었다. 그들은 도심에 위치한 땅을 수백만 달러를 주고 사들였으며, 또 호텔 건립에 수백만 달러를 들였다. 게다가 호텔을 짓고 나서도 직원들을 고용하기 위해 막대한 비용을 치렀다.

공유경제가 발달한 지금은 어떨까? 대표적 사례로 숙박 공유 서비스 제공업체인 에어비앤비(AirBnB)를 들 수 있다. 이 업체는 전 세계에 있는 누구나 자신의 방을 인터넷에 등록하여 임대할 수 있는 서비스를 제공한다. 대개 비용이 호텔 숙박료보다 저렴하고 관광객들이 현지 문화와 생활을 직접 체험할 수 있다는 장점이 있다.

텍사스 주 댈러스에 주택을 보유하고 있는 줄리안을 예로 들어보자. 그는 자신의 집에 남는 침실이 하나 있어서 에어비앤비에 등록했다. 침실 하나로 숙박업을 개시할 수 있었던 것이다. 10년 전에만 해도 수백만 달러를 가지고 호텔을 지을 수 있는 사람에게나 가능한 일이었다. 과거에는 호텔을 지을 여력이 있는 수천 명의 사람들에게만 기회가 주어졌다면, 지금은 여분의 침실을 임대할 수 있는 수백만 명의 사람들이 숙박 시장에 진입할 기회를 누릴 수 있다. 에어비앤비가 공급(호텔 건립)을 확대하지 않고도 많은 재고(숙박할 수 있는 여분의 방들)를 창출해 낸 것이다.

한편 우버(Uber)와 리프트(Lyft)는 에어비앤비가 호텔 업계에서 이루어 낸 일을 택시 업계에서 달성했다. 자동차를 소유한 사람이라면 누구나 인터넷에서 운전자로 등록하여 택시를 운행할 수 있게 만든 것이다. 과거에는 택시 운전기사가 되려면, 까다로운 절차를 밟고 비싼 비용을 지불해야 했다. 도시에 따라 수만 달러를 지불하고 택시 영업 면허를 사야 하는 경우도 있었다.

우버와 리프트는 현재 누구라도 신원 조회만 통과하면 택시를 운행할 수 있게 해 주고 있다. 덕분에 많은 사람들이 직업을 전환하는 과정에서 택시 운전기사로 등록해 부수입을 올리고 있다. 군이 수만 달러를 투자할 필요가 없게 되었을 뿐 아니라 운전자로 등록만 하면 매달 많게는 수천 달러까지 벌 수 있다.

호스팅 업체인 디지털 오션(Digital Ocean) 역시 클라우드 기반 개발을 가능하게 함으로써 '디지털 부동산' 영역에서 파란을 일으켰다. 예전에는 소프트웨어나 웹사이트를 구축하려면 대용량 서버를 구매하여 사무실에 설치해야 했다. 하지만 디지털 오션 같은 호스팅 업체들이 등장한 뒤부터 개발자들은 SSD 클라우드 서버를 1분도 채 안 되는 시간에 그들의 서버 팜(server farms) 중 하나에 적용할 수 있게 되었다. 소량의 서버 공간만 필요하다면 서버를 굳이 구매하지 않아도 된다. 일부 임대하거나 공유하면 되는 것이다.

이런 흐름은 시디베이비닷컴이 음악가들에게 그랬듯 창업을 준비하는 사람들에게 엄청난 영향을 미쳤다. 또한 창업 인프라의 효율성이 제고되면서 창업 도구에 들어가는 비용이 급격히 감소했다. 이제 몇 가지 주요한 창업 도구들의 활용법을 살펴보자.

▌SaaS의 활용이 비용과 위험을 급격히 낮춘다

지난 10년 동안 서비스형 소프트웨어(Software as a Service: 이하 SaaS)가 확산되면서 공유경제 활성화에 기여했다. 덕분에 창업가들은 이제 값비싼 장비를 구입하거나 장기 계약을 체결하지 않아도 된다. 필요에 따라 월 단위로 비용을 지불하면서 다양한 소프트웨어를 활용할 수 있게 된 것이다. 예를 들어 이전에는 회사를 설립하면 수백 달러를 들여 회계 소프트웨어를 구입해야 했을 것이다. 지금은 상황이 바뀌었다. 고가의 회계 소프트웨어를 구매할 필요 없이 초기 비용 9 달러에 매달 제로(Xero) 같은 회계 소프트웨어를 사용할 수 있다.

WP 커브의 댄 노리스는 매달 1200달러의 사용료를 내고 소프트웨어 서비스를 이용하여 사업 전반을 운영하고 있다. 푼돈은 아니지만 보통의 사무 공간이나 매장을 임대할 때보다 적은 비용으로 5개 대륙에서 활동하는 35명의 팀을 운영할 수 있다는 점을 고려하면 놀라운 일이다. 이처럼 지금은 수만 달러에 달하는 2년 치 임대차 비용을 들이지 않아도 된다. 쇼피파이(Shopify) 같은 플랫폼 업체를 통해 웹사이트를 구축할 수 있기 때문이다.

또 어떤 경우에는 무료로 이용할 수 있는 서비스도 있다. 2008년에 마이크로소프트 오피스(Microsoft Office) 사용료는 200달러 정도였다. 그런데 지금은 오피스 프로그램을 사용하겠다고 굳이 비용을 들이지 않아도 된다. 완전히 무료로 제공되는 구글 문서도구(Google Documents)로 마이크로소프트 오피스와 동일한 서비스를 이용할 수 있다.

지금까지 언급한 것은 단지 몇 가지 구체적 사례에 불과하다. 창업에 필요한 도구라면 그 어떤 것에도 적용된다는 말이다. 그리고 이러한 소프트웨어들이 가져다주는 엄청난 장점은 다음 두 가지로 요약할 수 있다.

1. 위험과 비용의 급격한 감소: 10년 전과 비교해 창업비용이 거의 들지 않는다.

2. 잠재력의 급격한 증가: 필요한 만큼만 구매할 수 있기에 동급 최고의 소프트웨어를 사용할 수 있다.

최초의 클라우드 컴퓨팅 기업 라우드클라우드(Loudcloud)를 설립한 벤처투자가 벤 호로위츠에 따르면, 2000년에 고객들은 매달 대략 15만 달러의 사용료를 내고 기본 인터넷 애플리케이션을 운영했다고 한다. 그런데 지금은 매달 1500달러만 내면 아마존 클라우드 환경에서 동일한 애플리케이션을 사용할 수 있다. 자동차와 주택 부문에서 동일한 감소세가 일어났다면, 5만 달러 나가던 고급 자동차를 지금은 500달러에 이용할 수 있으며, 50만 달러짜리 주택을 5000달러에 임대할 수 있다는 말이 된다.

기술이 생물학적 체계(이를테면 우리의 두뇌)보다 더 빨리 발전하고 있기에 우리는 이런 유형의 변화를 잘 이해하지 못한다. 하지만 오늘날 매일같이 일어나고 있는 변화다. 직장에 매여서 난해성 영역의 문제를 다루고 있는 개인들에게 그런 변화는 직업 안정성에 엄청난 위협으로 작용한다. 반면 복잡성 영역에서 문제에 대응해 나가는 창업가들은 그런 변화를 유용한 기회로 활용할 수 있다.

▋온라인 시장이 최적의 인재를 구하게 해 준다

SaaS 기업들이 창업가들을 위한 도구와 인프라에 대한 접근을 단순화함에 따라 필요한 인원을 현지에서 조달하던 고용 형태가 국제적으로 인력을 물색하는 방향으로 전환되었다.

한 번 상상해 보자. 수제 맥주를 즐겨 마시는 당신은 이를 소재로 한 온라인 출판을 시작하려고 한다. 당신은 정규직 편집자를 고용해야 일을 시작할 수 있다고 생각할 필요가 없다. 대신 이 프로젝트를 수행할 프리랜서 편집자와 일을 시작한 뒤 일한 만큼 비용을 지불하면 되는 것이다. 사업이 궤도에 오르기 시작했다면 반은 성공한 것이다. 또한 프로젝트가 성공적으로 이루어지 않았다고 해도, 높은 비용을 치러 가며 정규직 팀원을 구성해야 하는 부담은 피할 수 있다. 요약해 보자.

1. 위험과 비용의 급격한 감소: 저비용으로 인력을 구하기 쉬워질 뿐 아니라 위험이 감소한다.
2. 잠재력의 급격한 증가: 해당 직무의 최적임자를 구해 일할 수 있다.

과거에만 해도 수제 맥주 전문지 편집자를 구하려면 인근 지역에 구인공고를 내고 전문가가 나타나기를 기다려야 했지만 지금은 상황이 바뀌었다는 말이다. 지구상에 존재하는 사람들 중 최고의 적임자를 찾을 수 있게 된 것이다.

업워크 같은 인터넷 인재 플랫폼들이 톡톡한 역할을 하고 있다. 이곳에서 고용주들은 채용 기준을 제시하고 구직자들은 경력과 이력 사항을 작성하여 올린다. 아마존이 전통적인 소매 방식에서 벗어나 고객 리뷰 시스템을 도입함으로써 구매 프로세스를 용이하게 한 것처럼 온라인 시장이 고용 프로세스를 쉽게 만들고 있다. 이제는 직무 적합도가 불분명한 직원을 고용하고 훈련시키기 위해 많은 비용을 투자하지 않아도 된다. 동종 업계 사람들이 인정하는 구직자에게 시간을 두고 소규모 비용을 투자하면 된다.

■ 공짜 정보가 넘쳐나고 있다

1984년에 열린 제1회 해커스 콘퍼런스(Hackers Conference)에서 홀어스 카탈로그(Whole Earth Catalog)의 설립자 스튜어드 브랜드(Stewart Brand)는 애플 공동 창업가 스티브 워즈니악(Steve Wozniak)에게 의미심장한 말을 건넸다.

"정보는 공짜가 되기를 바란다(Information wants to be free)."

이후 이 말은 현 시대를 상징하는 문구가 되었다.

인터넷은 인쇄술이 도입된 이래 그 어느 기술보다도 정보 투명성을 촉진하는 방향으로 발전했다. 출처가 불분명하고 구하기 힘들었던 지식을 지금은 구글 같은 검색 엔진으로 쉽게 찾아낼 수 있다.

사람들에게 심화 학습 전략을 가르치는 젊은 창업가 스콧 영을 예로 들어 보자. 그는 심화 학습 전략을 배우기 위해 2000달러를 들여 MIT 전공 과정을 1년 동안 독학했다. 직접 강의 자료를 구입해 온라인 강의를 들은 것이다. 해당 수업을 MIT에서 직접 들으려면, 15만 달러의 비용을 내고 인생에서 소중한 4년을 투자해야 한다. 하지만 스콧은 3년이라는 시간을 절약한 것은 물론, MIT 등록금의 1.3퍼센트밖에 안 되는 비용을 썼다. 특히 그가 지역 칼리지가 아니라 MIT 전공 과정을 독학으로 이수했다는 사실을 눈여겨볼 만하다. 지역 칼리지에서 강의 하나 듣는 비용으로 지구상에서 손꼽히는 명문 대학 과정을 마친 것이다.

또 다른 예로, 베트남에서 소프트웨어 개발업체를 운영하는 제시 롤러는 무료이거나 저렴한 온라인 강의를 들으며 독학으로 아이폰 애플리케이션 프로그래밍을 배웠다. 인터넷이 없었던 시절에는 정보 수집 비용이 높았으며, 배움의 길이라곤 학위를 따는 일밖에 없었다. 당시에는 그럴 만도 했다. 하지만 정보의 가격이 급속히 낮아지고 있는 인터넷 세상에서는 지식을 얻겠다고 값비싼 비용을 치를 필요가 없게 되었다. 심지어 지식을 공짜로 얻을 수도 있는 세상이 된 것이다. 요약해 보자.

1. 위험과 비용의 급격한 감소: 저렴하고 손쉬운 방법으로 필요한 지식을 얻을 수 있다.
2. 잠재력의 급격한 증가: 지구상에서 최고 수준의 교육을 받을 수 있다.

50년 전으로 돌아가 볼까. 이를테면, 당시에 의학 관련 자료를 찾아보려면 매번 대학 도서관에 들러 참고 서적을 찾아 책장에서 빼낸 다음 본문에 나오는 의학 이론을 열심히 해독해야 했다. 해당 분야에 관심이 많은 사람은 그냥 의과대학에 들어가는 편이 나았다. 사업을 위해 시장성 있는 기술을 배우려 할 때도 마찬가지였다. 과거에는 일반인이 학습도구나 생산도구에 접근하는 것이 여간 어려운 일이 아니었다.

온라인 강좌를 제공하는 유데미(Udemy)와 팀트리하우스(Teamtreehouse) 같은 업체들은 일반인들이 아주 저렴한 비용으로 대학 도서관보다 더 가치 있는 자료에 접근할 수 있게 만들었다. 스콧 영이 혼자 힘으로 창출해 낸 일에 이제는 많은 기업들이 뛰어들고 있다. 사람들이 보다 쉽게 온라인 강의를 들을 수 있게 된 것이다.

이제 우리는 온라인 포럼과 각종 커뮤니티에 가입하여 해당 업종의 최전선에서 일상을 보내는 사람들로부터 필요한 기술을 배울 수 있다. 오늘날 유저 온보딩(User Onboarding)이나 아이폰 애플리케이션 마케팅 관련 책을 서점에 쌓아 두고 판매하거나 대학 도서관에 기증하려는 사람은 없을 것이다. 그런 자료는 다 인터넷에서 찾아볼 수 있다. 이와 관련해 우리는 다시 한 번 롱테일 현상에 주목해 볼 필요가 있다. 롱테일이 온라인 학습 시스템처럼 전통적인 소매시장에 존재하지 않았던 매우 다양한 틈새시장을 만들어 내고 있다는 것이다. 이에 대해서는 7장에서 다시 자세히 살펴보도록 하자.

▮ 생산 비용이 급격히 낮아지고 있다

우리는 사업 인프라를 구축하고 디지털 제품을 생산할 때뿐만 아니라 공산품을 대량 생산할 때도 공유경제의 이점을 활용하게 되었다. 20년 전 미국의 소규모 공산품 업체들은 국내 생산에 머물러 있었다. 해외 생산은 너무 어려운 일이었다. 해외에서 생산하려면 대량 주문을 하거나 현지 인맥을 활용해야 했다. 예컨대, 중국에서 제품을 생산하려면 수십만 달러의 투자 자본을 보유해야 했다. 게다가 중국에서 활동했던 경험이 있어야 현지 생산에 도움을 제공할 사람을 찾을 수 있었다.

2000년으로 거슬러 올라가 한 번 상상해 보자. 당신은 중국에서 제품을 생산해야 하는 상황에 놓였다. 그러면 곧장 중국으로 날아가야 한다. 현지에 도착하면 공장을 섭외해 줄 브로커(생산 비용은 높고 효율은 떨어뜨리는 중개업자)를 만나야 한다. 이 과정에서 어쩌면 생산 프로세스를 가동하기도 전에 엄청난 비용 손실을 일으킬지도 모른다. 또한 설사 생산에 들어간다 해도 처음부터 막대한 비용을 지불해야 할 것이다.

그렇다면 지금은 어떤가? 기업가들이 중국 생산을 앞두고 직면했던 과거의 시나리오는 더 이상 존재하지 않는다. 알리바바(Alibaba) 같은 중국 플랫폼에서 사업에 필요한 자원을 얻을 수 있다. 여기서 온갖 제조업체들이 생산하는 제품 목록을 확인할 수 있다. 또한 업체들이 자체 웹사이트를 보유하고 있기에 수많은 선택지를 가지고 제품을 고를 수 있으며, 당신이 찾는 것과 유사한 생산 이력을 보유한 공장 한두 곳을 찾을 수 있다.

일례로 민알의 지미와 더그는 실용적이면서도 회사에 매고 가기 좋은 가방, 특히 창업가들을 위한 현대적인 여행용 가방을 만들고 싶었다. 이에 두 사람은 세계 최고의 가방 공장을 찾아내 무료로 시제품을 제작한 후 크라우드펀딩 플랫폼인 킥스타터를 이용해 상품을 사전 홍보할 수 있었다.

과거 미국에서는 제품 판매업체들이 경쟁업체들에게 거래처를 뺏길까 봐 해외 공급업체를 일절 공개하지 않던 시절이 있었다. 지금 그 벽이 무너지고 있다. 대부분의 공급업체들은 인터넷 사이트에 올라 있어 찾기 쉬워졌다. 이제 주요 공급업체를 물색하기 위해 매번 발로 뛰어다닐 필요가 없게 되었다. 더구나 계약 체결 가능성이 적은 상황에서 비행기를 타고 중국까지 찾아가 현지 공장과의 연결고리를 물색하지 않아도 된다.

팩스 시대의 말미에 있었던 10여 년 전 설사 현지를 방문하지 않은 채 사업을 진행했다 해도 그것은 팩스로 제품 디자인 도안을 주고받으며 전화로 확인·검토하는 작업을 했다는 것을 의미한다. 하지만 지금은 이메일로 제품 모델 PDF를 첨부해 보내 검토하게 한 후 무료 화상통화로 의견을 교환할 수 있다. 또 경우에 따라서는 화상통화로 아예 컴퓨터 스크린을 보면서 의견을 주고받을 수도 있다. 초기 시제품에 관한 의견을 들으려고 통역사를 대동한 채 비행기를 타고 출장길에 올랐던 모습과는 완전히 다른 모습이다. 요약해 보자.

1. 위험과 비용의 급격한 감소: 쉽고 저렴한 비용으로 현지 공장

물색, 시제품 개발, 제품 생산을 할 수 있다.

2. 잠재력의 급격한 증가: 제품 생산에 최적인 공장을 찾을 수 있다.

이제 제품 생산 비용이 급격히 감소한 것은 물론 손쉽게 양질의 제품을 생산할 수 있게 되었다. 그렇다면 어떤 방법으로 제품을 시장에 내놓을 것인가? 또 어떤 방법으로 고객에게 도달할 것인가?

7

유통구조의 대중화가
시장을 폭발적으로 성장시킨다

누구나 스마트폰 하나쯤은 가지고 있다. 너무 빤한 말로 들린다. 그럼 이렇게 이야기해 보자. 누구나 주머니에 컴퓨터 하나쯤은 가지고 있다. 여전히 빤하게 들리는가? 오늘날 우리는 누구나 1년 365일, 하루 24시간 내내 손가락 끝으로 인간의 모든 지식과 자원에 접근할 수 있다. 핵심은 이렇다. 소위 게이트키퍼(gatekeeper)가 사라지고 있다는 것이다. 우리는 이제 집에 앉아 세상의 어느 누구와도 매우 효과적으로 소통할 수 있다. 20년 전 어느 미디어 기업도 하지 못한 일을 개인들이 이루어 내고 있다.

인터넷은 오늘날 유통구조를 대중화했으며, 이전까지는 꿈도 꾸지 못했던 업종에 접근할 수 있는 능력을 가져다주었다. 시디베이비 닷컴이 탄생하기 이전에는 어땠을까? 아무리 실력이 출중한 밴드라 해도 음반 회사 임원들에게 허락을 구하지 않고는 자신들의 음악을 사람들에게 선보일 수 없었다.

10여 년 전에도 창업 전선에 뛰어든 사람들은 수없이 많았지만, 그들은 시장에 접근할 방법을 찾는 데 애를 먹었다. 경험 많은 창업가에게 조언을 구하면 거의 언제나 같은 답이 돌아왔다. 신생 기업이 직면하는 최대의 도전은 영업과 마케팅이라는 이야기였다. 예를 들어 미국에서 포터블 바(portable bars) 판매 사업을 시작하려면 다음과 같은 일을 해야 했다는 말이다.

1. 미국에서 생산을 해야 했다. 소규모 사업체가 해외에서 생산할 수 있는 방법이 없었기 때문이다.

2. 직접 업계에 종사하거나 현지에서 수년 동안 기존 업체들과 관계를 형성해야 했다.

지금은 어떤가? 인터넷 검색 사이트에서 전 세계를 대상으로 최적의 업체를 찾아보기만 하면 된다. 물론 이 역시 간단한 일은 아니다. 하지만 매주 무역박람회를 찾아다니며 몇 년을 보내는 것보다는 훨씬 더 쉽고 저렴한 일이다. 또 매년 무역박람회를 찾아다니는 비효율적 생산 프로세스를 채택할 경우, 그로 인해 발생하는 비용은 고스란히 소비자들에게 전가하게 된다. 무역박람회 한 곳에만 참석하더라도 엄청난 비용을 써야 하는데, 이는 모두 제품의 최종 가격에 포함된다.

인터넷을 활용하여 소비자들에게 직접 다가갈 수 있게 된 것도 과거에는 누릴 수 없었던 가치다. 해외에서 제품을 생산하여 인터넷을 통해 직접 소비자들에게 제품을 공급함으로써 품질을 높이면서도 비용을 대폭 줄일 수 있게 된 것이다.

▌수십 억 개의 유통 채널이 탄생한다

TV가 처음 보급되었던 시절, 시청자들의 관심은 CBS와 ABC 같은 소수의 대형 방송사들에게 쏠려 있었다. 시청자들의 채널 선택권은 〈60분60Minutes〉과 〈더 와이드 월드 오브 스포츠The Wide World of Sports〉 같은 인기 프로그램에 한정되었다. 이로 인해 소수의 업체들이 수익을 독차지했다. 이후 케이블 방송 업체들이 생기고 HBO, CNN, ESPN 같은 기업들이 등장함에 따라 방송 프로그램의 유통이 좀 더 수월해지긴 했지만, 여전히 채널 선택 범위는 협소했다. '수문'이 열린 것은 광대역 인터넷 시대가 도래하면서부터였다. 곧이어 유튜브 같은 동영상 사이트들의 증가로 누구나 미디어 유통을 할 수 있게 되었다.

이 책을 쓰면서 알게 된 마이크와 킴벌리는 '렛츠 플레이어(Let's Players)'로도 알려진 게임 방송 시장의 탄생을 환기시켜 주었다. 사용자들은 '렛츠 플레이 젤다의 전설(Let's Play Legend of Zelda)'과 같은 참신한 제목으로 동영상을 홍보한다. 20달러짜리 스크린 리코더 소프트웨어, 30달러짜리 웹캠, 60달러짜리 마이크로폰으로 게임 동영상을 제작하여 잠재적 게임 이용자들에게 해설을 제공하는 것이다. 스웨덴의 렛츠 플레이어이자 유튜브 스타인 '퓨디파이(PewDiePie, 본명 펠릭스 쉘버그)'는 게임 방송으로 1200만 달러 소득을 창출했다. 현재 그의 구독자 수는 수천만 명에 달하는 것으로 알려져 있다.

또한 오큘러스 리프트 가상현실(Oculus Rift Virtual Reality) 헤드셋은 렛츠 플레이어를 통해 가장 먼저 시장성을 타진했다. 렛츠 플레이어들이 이 헤드셋을 끼고 게임을 경험해 보게 한 다음 긍정적인 피드백을 시장에 유포하게 함으로써 수요를 창출한 것이다. 현재 이 헤드셋은 대중들에게 빠른 속도로 보급되고 있다.

분명한 것은 이러한 플랫폼들이 점점 더 늘어남에 따라 하루가 멀다 하고 새로운 유통 채널이 생겨나고 있다는 점이다. 유튜브와 아이튠즈, 구글은 잘 알려진 사례일 뿐이다.

블로깅 분야에서도 동일한 변화가 일어났다. 개인이 운영하는 블로그에서 일반적인 신문 사이트보다 더 많은 트래픽이 생길 정도이니 말이다. 덕분에 댄 노리스는 WPCurve.com에서 운영하고 있는 자신의 블로그를 통해 매달 아무런 비용도 들이지 않고 수만 명의 사람들을 접촉할 수 있었으며, 이는 곧 그가 제공하는 유료 서비스에 대한 홍보로 이어졌다.

이제 우리는 저마다 하나의 미디어 기업이라고 할 수 있다. 과거에는 막대한 광고비를 들였던 일을 저렴한 소프트웨어와 인터넷 플랫폼 환경을 이용해 손쉽게 해낼 수 있게 되었으니 말이다. 122쪽에 나왔던 롱테일을 가능하게 하는 두 번째 동인에 관한 그림을 다시한 번 살펴보자.

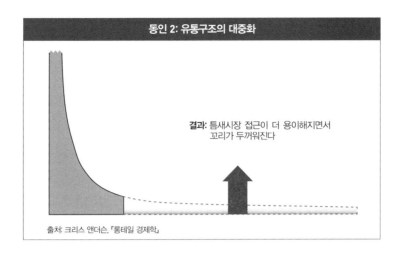

동인 2: 유통구조의 대중화

결과: 틈새시장 접근이 더 용이해지면서 꼬리가 두꺼워진다

출처: 크리스 앤더슨, 『롱테일 경제학』

그림에서 볼 수 있듯이 유통구조가 대중화되면 꼬리 부분이 더욱 두꺼워진다. 그런데 상품 생산 비용이 저렴해지고 시장 접근성이 용이해진다고 하더라도 이런 변화를 뒷받침할 만큼 충분한 시장이 존재할까?

7 유통구조의 대중화가 시장을 폭발적으로 성장시킨다

8

매일 새로운 시장이
창출된다

과거 롱테일의 머리 부분에 위치하지 않았던 시장들은 전통 소매 분야의 특성으로 인해 상업적으로 독자 생존하지 못했다. 아이다호의 주도 보이시 중심가에 소재한 음반 판매점을 예로 들어 보자. 이 음반 판매점이 반경 16킬로미터 이내 구역에서 음반을 충분히 판매하지 못했다면, 이는 장차 대형 음반 회사로부터 음반을 배급받지 못하게 되리라는 걸 의미했다.

하지만 이제는 상황이 달라졌다. 대형 음반 회사에 의지하지 않고도 독자적인 시장을 창출할 수 있게 된 것이다. 데릭 시버스가 소개한 시디베이비닷컴 음악가들의 성공 사례들 중 하나를 언급해 보자. 배를 타고 세계 일주를 한 그 여성은 선원들만을 위한 음악을 만들었는데, 이후 그녀는 그 협소한 시장에서 단연 세계 최고가 되었다.

사실 선원과 같은 틈새 고객들은 늘 존재해 왔다. 하지만 인터넷이 생기고 나서야 비용 효율이 높은 방식으로 그들에게 접근하는 일이 가능해졌다. 음반 회사에서 수만 달러의 비용을 들인 음반을 한 달에 고작 수천 개밖에 팔지 못한다면 완전히 실패다. 하지만 독립예술가들에게 그 정도의 시장이 존재한다면 전업으로 생계를 유지할 수 있다.[32]

사실 어느 시장을 들여다보더라도 매출은 대체로 거듭제곱법칙(power law) 분포 양상을 따른다는 것을 알 수 있다. 앞서 살펴본 것과 같이 머리에서 꼬리로 이어지는 곡선 형태를 띤다. 그런데 동일한 곡선을 로그 스케일(logarithmic scale: 숫자 증가폭이 커서 로그 값을 취해 그리는 방식―옮긴이)로 구성할 경우 10배 차이가 나는 각 단계별로 아래 그래프에서처럼 직선 형태를 이뤄야 한다.

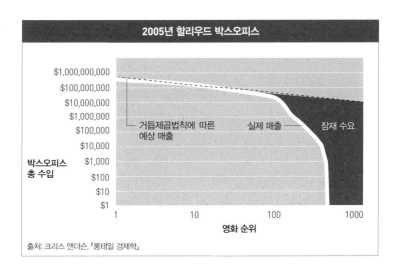

출처: 크리스 앤더슨, 「롱테일 경제학」

8 매일 새로운 시장이 창출된다

그러나 크리스 앤더슨의『롱테일 경제학』에 따른 위 사례에서 실제 판매량은 점선을 따라가지 않는다. 음반 업계와 마찬가지로 전통적으로 영화 업계에서는 대형 배급사(이 경우에는 영화관)를 통하지 않고는 수익을 올리지 못한다. 100위권 아래의 경우, 소수의 지역 배급사를 통해서만 영화를 볼 수 있다. 따라서 그래프의 곡선이 급격한 경사를 이루다가 배급사를 확보하지 못하는 500위 지점을 넘어서면 0달러까지 떨어진다. 이것을 앞에서 살펴본 롱테일 그래프로 바꾼다면, 실제로 아래의 그림과 같은 형태를 띤다.

이는 영화관과 음반 판매점을 비롯한 소매업체들이 잠재 수요로 표시된 영역을 뒷받침하지 못하기 때문에 생기는 현상이다. 물론 잠재 수요는 늘 존재했다. 시디베이비닷컴이 탄생하기 이전에도 영세 독립예술가들의 음악에 대한 수요가 있었다. 또한 넷플릭스가 생겨나기 전에도 틈새 영화가 유통되는 경로는 존재했다. 문제는 시장에

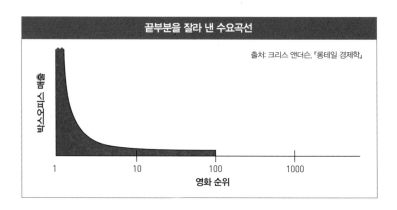

서 받아들이지 않았다는 데 있다. 마찬가지로 현재 수많은 상품과 서비스에 대한 수요가 존재하지만, 과거에는 그것들이 시장에서 받아들여지지 않은 경우가 많았다. 그렇다면 지금은 왜 그러한 상품들이 시장에서 허용될까?

▌국경을 초월한 무수한 틈새시장

로펌들이 활동하는 방식을 들여다보고, 그들이 어떻게 변화하고 있으며 미래에는 어떤 모습으로 활동할지 생각해 보자.

당신이 사업 운영과 관련해 지금 막 지역의 변호사 한 사람과 일하기로 했다고 가정해 보라. 그를 선택한 이유는 지리적으로 가까이 있기 때문이다. 하지만 그는 당신의 사업 모델이나 업종에 대해 깊이 이해하지 못하고 있을지도 모른다. 그런데 만약 당신이 지리적 위치에 상관없이 당신의 사업에 필요한 것들을 충분히 숙지한 변호사와 함께 일한다면 둘 모두에게 득이 될 것이다. 변호사에게 당신의 사업과 업종에 대해 일일이 가르쳐 주는 수고를 들일 필요가 없고, 변호사는 이미 해당 사업에 대해 잘 알고 있기 때문에 괜찮은 비용으로 더 나은 결과물을 만들어 낼 것이다.

업카운슬(UpCounsel) 같은 온라인 시장을 이용해 보는 것도 좋은 방법이다. 당신이 필요로 하는 최적임자를 찾아 맞춤 법률 자문을 받을 수 있을 것이다. 예를 들어 창업을 위해 오스트레일리아에서 미국으로 이민을 가려고 한다면, 창업 이민 비자 전문 변호사를 찾아 도움을 구할 수 있다. 사실 예전에만 해도 업카운슬은 실행 가능한 사업이 아니었다. 전문화된 변호사라 해도 주요 활동 지역 내에서만 머물 뿐 충분히 큰 시장에 접근할 수 없었기 때문이다. 하지만 인터넷의 출현과 함께 블로그, 팟캐스트, 포럼 등을 활용하게 되면서 관련 시장을 쉽게 찾을 수 있게 되었다. 인터넷은 소비자, 기업가, 그리고 앞서 예를 든 변호사와 같은 전문직 종사자 모두에게 유익한 자원으로 활용되고 있다.

만약 당신의 업종과 사업 모델을 꿰차고 있는 웹마케팅 에이전시와 함께할 수 있다면, 군이 대형 광고 에이전시와 거래해야 할 이유가 있을까? 이로써 당신은 사업 효율을 한껏 높일 수 있게 되고, 당신과 일하는 그들 역시 마찬가지다. 그 결과 소비자들은 양질의 제품을 저렴한 가격으로 구매할 수 있고, 창업가는 더 많은 수익을 올릴 수 있다.

치과의사 전용 디지털 마케팅 서비스를 제공하는 파이어갱 덴탈 마케팅(Firegang Dental Marketing) 운영자 제이크 풀(Jake Puhl)을 예로 들어 보자. 그는 이전까지 사무실이 있는 신시내티에서만 디지털 마케팅 영업을 하다가 지역에 구애받지 않고 치과의사들에게 특화된 서비스를 제공하는 쪽으로 사업 방향을 전환했다. 한정된 영역에서만 활동하지 않고 특정 유형의 고객을 대상으로 전국 단위 사업을 진행하니 효율성이 상당히 높아졌음은 물론이다. 비용 절감과 성과 향상이라는 모든 측면에서 의뢰인들에게 더 높은 가치를 가져다주게 된 것이다.

타깃 업종을 설정하게 되면 의뢰인들을 보다 수월하게 확보할 수 있다. 제이크 풀이 타깃으로 삼은 치과의사들의 경우 소규모 집단 체제로 협업하기도 한다. 그래서 입소문 효과가 매우 크다. 이미 해당 서비스를 경험한 의사들의 사례에 쉽게 공감하기 때문에 마케팅이 수월해지는 것이다. 또한 업무를 매우 효율적으로 관리할 수 있다. 매번 의뢰인의 사업을 파악하기 위해 시간을 들이지 않아도 되기 때문이다. 덕분에 적극적인 진행이 가능해지며 빠른 시간 내에 결과물을 만들어 낼 수 있다. 예를 들어 제이크가 상대하는 치과의사라면 대부분 마케팅에서 유사한 문제에 직면할 것이다. 따라서 프로세스를 한층 더 효율화하고 간소화시킬 수 있게 된다.

과거에는 지역적 한계 때문에 이런 유형의 사업을 운영하기 어려웠지만 지금은 사정이 달라졌다. 제이크의 경우 현재 시애틀에 사무실을 두고 있지만 전국 각지의 고객들에게 서비스를 제공할 수 있다. 당신이 치과의사라면 어떻게 하겠는가? 당신의 사업 모델이나 업종을 전혀 이해하지 못하는 사람이더라도 가까운 곳에 있는 사람을 만나겠는가? 지역적으로 멀리 떨어져 있지만 치과 업계를 깊이 이해하고 있어 당신에게 필요한 부분을 정확하게 도와줄 수 있는 사람이 있다면, 화상 통화를 통해서라도 그 사람에게 의뢰하는 편이 낫지 않을까?

아직까지는 대부분의 사람들이 전자를 택하고 있는 게 현실이다. 그럼에도 후자를 선택하는 사람이 점점 더 늘어나고 있는 것만은 분명하다. 경제적인 가치를 높일 수 있기 때문이다. 10년 전에만 해도 존재할 수 없었던 사업이 지금은 막대한 기회의 장이 되고 있다.

4장에서 소개했던 앤드루 유데리안에 대해 이야기해 보자. 앤드루는 한때 투자은행에서 일했지만 지금은 CB 라디오 장비를 판매하는 라잇 채널 라디오(Right Channel Radios)를 운영하고 있다. 그의 사업 모델은 '드롭쉬핑(dropshipping)' 판매 방식이다. 이는 판매자가 쇼핑몰이나 소셜 미디어로 홍보와 판매만 담당하고 제3의 협력 제조업체에서 구매자에게 제품을 직접 배송하는 방식을 말한다. 고객이 웹사이트에 들어와 제품을 구매하면, 제조업체에 주문을 하고, 그러면 제조업체가 고객에게 제품을 배송하는 방식이다. 앤드루는 제품을 직접 생산하지 않는다. 그는 판매, 마케팅, 고객 서비스 프로세스에서 경제적 가치를 창출하고 있다.

고객들이 CB 라디오를 사용하는 방식은 무척 다양하다. 따라서 구매 동기가 천차만별일 수밖에 없다. 게다가 이전까지 CB 라디오를 별로 접하지 못한 사람의 경우, 제품을 선택하고 주문하는 게 여간 어려운 일이 아니다. 그가 관련 교육 자료를 만든 것도 다 그런 이유 때문이다. 하지만 자료 준비만으로 충분한 건 아니다. 그의 사업에는 구글 같은 검색 포탈이 필수적이다. 고객 입장에서는 제품 구매와 관련해 궁금한 점이 한두 가지가 아닐 텐데, 이런 경우 검색 포탈에서 앤드루의 사이트를 찾으면 된다. 그러면 유용한 정보가 보이고 자신에게 적합한 CB 라디오가 어떤 것인지 확인할 수 있다.

20년 전에만 해도 특정 상권 내에서 CB 라디오 판매점을 열 만한 충분한 수요를 얻기 힘들었다. 수요가 있었다 해도 이를 판매로 연결시키는 일에 막대한 자본이 들어갔을 것이다. 하지만 지금은 일단 잠재 고객들에게 배포할 가이드를 만들어 누구나 접할 수 있는 사이트에 올리기만 하면 된다. 비용은 거의 들지 않는다. 만약 앤드루가 비용을 들여 영업사원이나 고객서비스 담당자를 두고 매번 고객들에게 일일이 모든 것을 설명해야 했다면 수익성이 매우 낮아졌을 것이다. 하지만 그는 롱테일에서 드러난 틈새시장을 잘 활용했다.[33]

▎새로운 시장이 새로운 시장을 창출한다

세계 경제가 성장함에 따라 새로운 시장이 탄생하고, 이후 그 시장은 분열되어 훨씬 더 많은 시장을 창출한다. 숙박 공유 업체 에어비앤비의 성공 배경에는 온라인 벼룩시장 크레이그리스트(Craigslist)가 있다. 사람들이 크레이그리스트에 숙박 제공 정보를 올리면, 새로운 목록이 에어비앤비 사이트에도 노출된다. 크레이그리스트에서 검색할 수 있는 정보를 에어비앤비에서도 찾을 수 있는 것이다.

에어비앤비는 거대한 시장의 일부(크레이그리스트의 단기 임대 및 숙박)를 선택하여 관련 회사를 설립했다. 제이크와 앤드루가 그랬던 것처럼 에어비앤비는 크레이그리스트보다 더 나은 '소규모' 시장을 지원할 수 있게 되었다.

이는 잘나가는 기술 기업만 해낼 수 있는 일이 아니다. 이벤트브라이트(Eventbrite)를 예로 들어 보자. 이벤트브라이트는 온라인에서 이벤트 티켓을 판매하는 업체다. 이 회사는 특정 시장을 보유함과 동시에 완전히 새로운 시장들로 확장할 수 있었다. 워드프레스 플러그인을 구축한 것이다. 사실 이는 누구나 할 수 있는 일이다. 하지만 '워드프레스 사이트를 보유한 건설업 종사자들'과 같은 특정 타깃을 설정하는 것이 중요하다. 불과 몇 년 전만 해도 이러한 시장은 존재하지 않았다. 수많은 업체들이 워드프레스 사이트를 구축하게 될지, 그리고 이를 이벤트 티켓 판매를 위한 온라인 서비스에 활용하게 될지 상상도 하지 못했던 것이다.

지금은 이와 같은 기회들이 홍수처럼 쏟아지고 있다. 일을 소프트웨어로 대체하면서 생길 기회들이다. 거기서 우리는 그 일을 하는 한 사람이 되기보다 그 소프트웨어를 보유한 한 사람이 되고 싶을 것이다.

새로운 시장과 새로운 기회가 열리는 트렌드가 점점 더 가속화되고 있다. 1958년 S&P 500 지수 기업의 등재 기간은 평균 61년이었다. 그러다 1980년에 이르러 25년까지 줄어들었으며, 오늘날 18년으로 떨어졌다. 현재의 상장 폐지율로 볼 때, 2027년까지 S&P 500 지수에 속한 기업의 75퍼센트가 다른 기업들로 대체될 것으로 보인다.[34] 시장은 더 빨리 움직이고 있다. 생산도구의 대중화로 인해 시장 진입이 수월해졌을 뿐만 아니라 진입할 시장도 많이 늘어났기 때문이다.

생산도구의 대중화가 이루어졌다는 것은 뭔가를 만드는 일이 수월해졌다는 것을 의미한다. 신규 시장의 창출은 그러한 상품을 판매하는 사람이 갈수록 늘어나고 있다는 것을 의미한다. 또한 유통구조의 대중화가 실현되었다는 것은 유통망에 접근하기가 갈수록 수월해지고 있다는 것을 의미한다. 일자리 경쟁이 갈수록 치열해지고 구직 시장이 점점 더 축소되고 있는 것과 달리 창업에는 접근하기가 점점 더 쉬워지고 있다.

다음 장에서는 규모가 좀 더 큰 시장과 플랫폼을 기반으로 사업을 창출한 사례들을 살펴보도록 하자.

9

직업에서 비즈니스로 전환하는
단계별 접근법

그 어떤 일도 시작할 때는 두려움이 따르고 예기치 못한 어려움이 생길 수밖에 없다. 하지만 그 두려움 때문에 아무것도 시도해 보지 않은 채 현재의 삶이 조금씩 축적해 가고 있는 위험을 기다리기만 할 것인가. 만약 당신이 아직도 망설이고 있다면 윌리엄 허친슨 머레이(William Hutchinson Murray)가 쓴 『스코틀랜드 히말라야 원정대*The Scottish Himalayan Expedition*』의 한 구절을 기억해 둘 필요가 있다.

모든 시작과 창조 행위에는 하나의 기본적인 진리가 있다. 그 진리를 모르면 무수한 아이디어와 눈부신 계획이 빛을 보지 못하고 물거품이 될 수 있다. 그것은 우리가 분명하게 선언하는 순간 신의 섭리 또한 움직인다는 사실이다. 그 약속의 실현에 도움을 주려고 생각지도 못했던 일들이 일어난다. 모든 사건이 유리하게 전개되고 뜻밖의 사람들을 만나고 물질적인 지원을 받게 된다. 어느 누구도 꿈꾸지 못했던 일이 닥칠 것이다. 뭔가를 할 수 있거나 할 수 있다고 꿈을 꾼다면 그것을 시작하라! 용기 안에는 비범함, 기적, 힘이 있다. 지금 시작하라.

2부에서 언급했던 각 경제 전환기 초기에도 땅이나 공장, 지식에 투자하는 일은 꽤나 어려운 선택이었다. 산업경제에서 지식경제로 넘어가던 1900년대 초에 대학 입학을 고민하며 시간을 보내는 것은 그다지 좋은 모습으로 보이지 않았을지도 모른다. 당장 일을 구해서 돈을 벌면 되지 대학 학위를 딸 필요가 있느냐는 것이었다.

자격주의는 20세기를 거치는 동안 지식에 대한 투자 경로를 따라 나타났다. 이는 우리가 대부분 따랐던 사회적 각본이자 분명한 길이었다. 그래서 사람들은 학교에 가서 좋은 성적을 얻고 과외 활동까지 수행한 뒤 대학에 들어가 학점을 이수하고 구직 활동을 벌인다. 이는 1900년에 존재한 사람에게는 분명한 각본이 아니었다. 하지만 오늘날의 사람들에게는 확실한 사회적 각본이 되었다.

기술적·구조적 변화로 인해 롱테일 시장이 부상하고 있는 오늘날의 현실에서 창업가정신을 구현하는 데 투자하게 하려면 그에 걸맞은 사회적 혁신이 동반되어야만 한다. 분명한 것은 인터넷과 기술의 발달 덕분에 기술적으로나 실질적으로나 창업이 한층 용이해지면서 100년 전 자격주의와 대학제도가 등장했던 것처럼 완전히 새로운 사회적 각본이 나타나고 있다는 점이다.

학교는 능력을 배양하고 관계를 형성하기 위한 전통적 경로였다.

사회가 요구하는 자격을 부여해 준 것이다. 따라서 학교는 한 개인과 고용주를 이어 주는 끈과 같았다. 그 끈을 통해 직장을 구할 수 있었다. 이는 명문 대학들이 늘 약속하는 것이었다. 그들은 최상의 인맥과 최고의 능력을 쌓게 해 주겠다고 장담했다.

창업가들이라고 해서 다르지 않다. 성공한 창업가들은 훌륭한 인맥과 가치 있는 능력을 보유하고 있다. 만약 당신이 검색 엔진 최적화(Search Engine Optimization, 이하 SEO)에 조예가 깊고 동종 업계 창업가들과 폭넓은 관계를 맺고 있다면, 별 무리 없이 SEO를 활용한 사업을 시작할 수 있다.

다만 창업가들의 능력에는 미묘한 차이가 있다. 그들의 능력은 커네빈 프레임워크에서 창발적 사례를 요구하는 복잡성 영역에 속한다. 실행하기 쉽지 않을뿐더러 습득할 방법이 명확히 정의되지 않는, 전혀 다른 능력을 필요로 하는 것이다. 거기에는 거래처와 직원을 어떻게 관리할지, 업무나 사업과 관련된 그들의 감정과 정서를 어떻게 관리할지, 신제품 출시나 판매에 대한 두려움을 어떻게 극복하고 대처할지, 현금유동성 문제를 심리적으로 어떻게 관리할지 등 갖가지 요소들이 포함된다.

또 창업가는 이전과 다른 유형의 인간관계를 갖춰야 한다. 다른 창업가들과의 인맥이 필요하다는 말이다. 자신의 업종에서 인간관계를 맺는 것도 중요한 일이지만, 자신과 동일한 프레임워크에 따라 활동하는 사람들과 관계를 맺는 것 역시 중요하다. 그들은 당신으로 하여금 새로운 사업 모델을 보게 하고, 새로운 기회를 발견하게 한다. 또한 당신이 그들을 돕는 만큼 그들도 당신을 도울 것이다. 요약하자면, 당신에게 필요한 것은 창업가들의 네트워크와 그들이 이룬 성과이다.

창업가 네트워크와 창업가적 능력을 얻는 방법은 수없이 많다. 그러나 그러한 것들이 포괄적인 안내자 역할을 해 줄 거라고 주장하고 싶지는 않다. 정답은 없기 때문이다. 그럼에도 창업이 점점 더 각광을 받는 추세에 따라 참고할 만한 사례와 각본이 늘어나고 있는 것만은 분명하다. 그중 가장 두드러진 방법론은 두 가지다. 바로 단계별(Stair Step) 방식과 수습생(Apprenticeship) 방식이다. 먼저 단계별 방식에 대해 알아보자.

▌처음부터 사업에 올인할 필요는 없다

과거에는 사업을 벌일 때 시간과 돈이라는 두 측면에서 대규모 선행투자를 해야 했다. 창업은 '모 아니면 도'의 일이었다. 우리, 즉 손실 회피적 창조물인 인간은 늘 그것을 힘든 과제라고 여겼다.

하지만 창업이 무모한 일이었던 예전과 달리 이제는 롱테일 시장을 확산시킨 기술로 인해 훨씬 수월하게 창업가정신을 실현할 방법을 찾을 수 있게 되었다. 창업비용이 낮아진 데다 틈새 기회가 늘어난 것은 물론이고 극복해야 할 기술적 장애가 줄어든 까닭에 새로 사업을 시작하는 일이 과거 그 어느 때보다 쉬워진 것이다.

오늘날 능숙한 창업가들 중에는 부업으로 관심 분야 프리랜서 일을 하다가 전업 프리랜서나 컨설턴트로 전환하는 경우가 많다. 경우에 따라서는 직접 개발한 상품을 출시하는 사람들도 있다. 바로 창업에 들어가기보다 차근차근 단계를 밟는 것이다.

롭 월링(Rob Walling)의 예를 들어 보자. 그는 현재 소프트웨어 업체 3개를 운영하고 있으며, 소프트웨어에 관심이 있는 창업가들을 위한 팟캐스트 '나머지를 위한 스타트업(Startups for The Rest of Us)'도 진행하고 있다. 그는 자신의 창업 경로를 설명하기 위한 단계별 체계를 만들었는데, 그 과정에서 자신이 아는 다른 창업가들에게도 그것을 광범위하게 적용할 수 있다는 사실을 발견했다.

그의 설명에 따르면, 단계별 방식의 첫 단계는 일시불 판매 상품을 출시하고 단일 마케팅 채널을 가지는 것이다. SEO, 구글 애드워즈(Google Adwords)나 페이스북 애즈(Facebook Ads) 같은 유료 광고 플랫폼, 아마존닷컴 등을 활용하면 된다. 이렇게 단일 상품을 개발·출시한 경험을 한 데다 경쟁이 덜한 환경에서 자신감까지 쌓았다면, 그때부터 인맥과 기술의 영역으로 확장해 나갈 수 있다. 이제 당신에게는 상품이 생겼으며, 그것으로 수익까지 만들어지고 있다.

두 번째 단계는 시간을 벌 수 있도록 일시불 상품을 충분히 출시하는 것이다. 이 단계에서 기존에 하던 일을 그만둘 수 있다. 컨설턴트라면 컨설팅 일을 그만두고, 직장인이라면 회사를 그만두어도 된다. 이 시점이 되면 사업 구축과 마케팅에 자신감이 붙는다. 또한 상품을 출시한 이후에 생기는 두려움에서 벗어난다. 업워크 등을 통해 고용한 가상 비서(virtual assistant)가 고객 지원을 도울 것이며, 이로써 당신은 고객 관리 요령을 습득하게 된다.

가장 중요한 것은 두 번째 단계 이후로 시간적 여유가 생긴다는 것이다. 이제 세 번째 단계로 넘어갈 수 있다. 이전까지는 휴일도 없이 야근을 하며 일주일을 보내는 게 당신의 일상이었다. 하지만 이제는 일주일에 40~60시간이 확보되어 여유 시간을 사업에 투자할수 있다. 이어서 좀 더 큰 규모의 상품을 출시할 만한 발판이 마련되고, 거기서 여러 사업 계획이 도출된다. 거기에는 SaaS 사업, 규모가 더 큰 전자상거래 사업, 또는 멤버십 사이트 구축에 관한 계획이 포함될 것이다.

롭은 회사를 그만두고 창업에 첫발을 내디뎠는데, 우선 컴퓨터 프로그래머로서 컨설팅 일을 시작했다. 그 과정에서 자신의 일을 홍보하고 시간을 관리하는 법, 그리고 사업 운영의 기본 원리를 습득할 수 있었다.

2000년경 롭은 다양한 상품을 출시하고도 별다른 성공을 거두지 못했다. 2005년에는 버그로 가득한 알파 버전 인보이싱 소프트웨어를 인수했으며, 썩 만족스러워하지 않는 소수의 고객들로부터 매달 몇 백 달러의 수익을 만들었다. 마땅한 마케팅 방법을 찾지 못하던 그는 원 소유주들이 SEO 기법을 활용했다는 사실을 알게 되었다. 이후 그는 SEO 기법을 적용한 것만으로 매달 2000~4000달러의 수익을 달성하게 되었다. 이 시기에 롭은 SEO 기법에 대한 경험을 쌓아 가면서 고객과 소통하기 시작했다. 또한 사업에 활용할 수 있는 자본을 확보했을 뿐만 아니라 상품 출시와 판매에서도 충분한 자신감을 얻었다. 이제 그의 사업 도구에는 SEO 기법과 어느 정도의 애드워즈 활용 지식이 갖춰지게 되었다.

이 시점부터 롭에게는 자금 여유가 생겼다.(여전히 컨설팅 일을 하고 있었기 때문에 시간 여유는 없었다.) 그때부터 인수할 만한 업체들을 물색했다. 그러다 목욕 타월을 판매하는 전자상거래 웹사이트를 인수하여 제로 상태였던 월 수익을 2500달러까지 끌어올렸다. 또한 웹사이트 테마 제작업체를 인수하여 수익을 2500달러까지 성장시켰다. 게다가 SEO 기법을 활용하여 전기기술자들을 위한 틈새 구직 게시판을 만들었으며, 웨딩 웹사이트 구축용 애플리케이션도 만들었다.

롭은 각각의 사업을 통해 계속해서 유용한 도구를 추가하고 있었다. 직원 고용과 거래처 관리, 고객 응대, 배너 광고와 페이스북 광고, SEO, 구글 애드워즈 활용 등 갖가지 기술을 더했다. 게다가 창업가로서 자신감을 쌓았으며, 고객과 거래하고 상품을 출시하는 방법을 깨달았다. 롭은 거기서 그치지 않고 그 도구들을 활용해 자신의 블로그 'SoftwareByRob.com'과 팟캐스트 '나머지를 위한 스타트업'으로 퍼스널 브랜드를 확장시켰다.[35] 이후 블로그와 팟캐스트는 다른 많은 창업가들과 관계를 맺는 창구 역할을 했다. 그들 중에는 현재 롭의 소프트웨어 제품을 하나 이상 이용하는 고객들도 있다.

이 시점에 롭은 고전을 면치 못하던 SEO 툴 히트테일(HitTail)을 사들인 뒤 이전 사업에서 습득한 모든 노하우를 활용하여 되살려냈고, 결국 다음 해에는 이 사업을 10배나 성장시켰다. 페이스북 광고, 파트너십, 배너 광고, SEO 기법 등 소규모 사업을 운영하며 습득한 기술을 총동원한 덕분이었다. 그리고 지금은 히트테일보다 규모가 큰 SaaS 애플리케이션이자 이메일 마케팅 자동화 도구인 드립(Drip)을 구축하고 있다.

롭은 경력을 쌓아 가는 동안 계단을 밟아 가듯 사업의 규모와 가치를 확대해 나갔다. 사실 예전에는 전혀 실행할 수 없었던 방식이다. 지난 10여 년 사이에 새로운 시장이 창출되고, 유통과 생산의 대중화가 이루어지면서 가능해졌을 뿐이다.

인터넷 이전 시대에 사업을 시작하려면 물리적 장소를 임대하고 직원을 고용해야 했을 것이며 엄청난 압박감이 뒤따랐을 것이다. 그리고 무엇보다 사업을 빨리 정상 궤도에 올려놓는 일이 중요했고, 이를 위해서는 막대한 시간과 자본을 써야 했다. 실패할 경우에는 투자 자금을 몽땅 날리게 될 뿐 아니라 빚을 갚기 위해 수년을 허비해야 했음은 물론이다.

하지만 지금은 과거와 같은 위험부담이 없어졌다. 자신의 상황에 맞춰 서서히 창업에 들어갈 수 있다. 이를테면, 자신이 본래 하던 일을 그만두지 말고, 평일 밤과 주말을 투자해 단일 상품을 출시하는 것에서부터 시작해도 된다. 롭은 이런 방식으로 몇 가지 상품을 출시하는 데 성공하면서 마침내는 모든 시간을 사업에 할애할 수 있게 되었다. 물론 그 과정에서도 대출금을 갚고 가족을 부양해야 했지만 말이다.[36]

2005년 롭은 그의 첫 인수 모델인 인보이싱 소프트웨어를 월 수익 1만 달러 사업으로 만들려 애쓰고 있었는데, 그 과정에서 중요한 깨달음을 얻었다. 당시 이 사업은 SEO 기법으로 수백 달러 수준의 수익이 2000~4000달러로 늘어나긴 했지만 더 이상 성장하지 못한 채 지지부진한 상태였다. 그럼에도 그는 사업을 성장시키려 애쓰며 18개월을 보낸 후에야 시장이 더 이상 없다는 것을 깨달았다. 자신의 수익 규모가 당시 해당 시장의 최대치였던 것이다.

인터넷으로 인해 실현된 일들 중 하나는 과거 경제적으로 전혀 실현 불가능했던 잠재 수요가 표출되었다는 점이다. 인보이싱 소프트웨어는 그렇게 해서 파고든 틈새시장 상품이다. 만약 건물을 임대하거나 서버를 구매하는 등 막대한 창업비용을 고정적으로 지출해야 하는 상황이라면 그러한 틈새시장 사업을 구축하기가 쉽지 않을 것이다.

금융 블로거였던 래미트 세시(Ramit Sethi)의 예를 들어 보자. 그는 경영 컨설턴트로 직업을 전환하더니 본업을 유지하면서 프리랜서로 월 1000달러 버는 법에 관한 강의를 개설했다. 이후 그는 강의를 하며 중요한 사실을 발견했다. 만약 그가 사람들로 하여금 부업으로 1000달러를 벌 수 있게 한다면, 그들 중 상당수는 창업으로 한 걸음 더 나아가기 위한 자신감과 자원을 얻으리라는 점이었다. 일단 월 1000달러를 벌고 나면 월 2000달러로 수익을 두 배 늘리는 일이 가능하게 느껴진다. 그러다 부수입이 주수입을 넘어서면, 사람들은 대부분 직장을 떠나기로 결심한다. 롭의 경우도 마찬가지였다. 수익 목표치를 상향 설정하고 실현하는 게 충분히 가능하게 느껴졌던 것이다.

오늘날 클라우드 컴퓨팅과 SaaS 같은 서비스가 등장하고 거래 가능성이 무제한으로 늘어난 덕분에 비용을 절감하기가 매우 수월해졌다. 또한 인보이싱 소프트웨어 같은 틈새상품이 무수히 등장하여 하나의 사업으로서 실현 가능한 단계에 있다. 이런 환경에서 우리는 별다른 경쟁 없이 더 큰 기회의 장을 마련하여 기술을 쌓고 현금흐름을 창출할 수 있다. 다만 중요한 것은 차근차근 단계를 밟아 가야 한다는 점이다. 롭이 인보이싱 소프트웨어를 가지고 타깃을 설정한 시장은 월 수익 1만 달러를 실현할 만큼 충분히 큰 규모가 아니었을 뿐이다.

여기서 꼭 기억해야 할 것은 단계별 접근법의 원리다. 야심만만하게 시장을 설정하고 계획을 추진하되 일단은 독립적이고 개별적인 아이디어와 기회를 가지고 시작해야 한다. 그리고 그 기회를 활용하여 다음 프로젝트를 위한 기술과 인간관계를 구축해야 한다.

롭은 현재 기술 창업가들이 워드프레스 플러그인을 구축하여 컨설팅이나 업무를 단계별로 발전시켜 나가도록 전문적으로 돕고 있다. 그리고 그들 중 상당수가 성공하는 모습을 지켜봤다. 그중 몇몇 사례를 살펴보자.

리처드 첸(Richard Chen)은 웹 프로그래밍 언어인 PHP와 실제로 잘 연동되는 그리드 컨트롤(grid control) 사이트 phpgrid.com을 구축했다. 리처드는 사이트를 지렛대로 잘 활용하였으며, 자신의 가족을 LA에서 싱가포르로 이주시킬 수 있을 정도로 충분한 돈을 벌 수 있었다. 여기서 이런 의문이 들지도 모르겠다. 'PHP와 실제로 잘 연동되는 그리드 컨트롤'이 대체 뭐지? 바로 그거다. 그리드 컨트롤은 5년 전 또는 10년 전에는 존재하지 않았던 고도화된 틈새상품이다.

데이비드 헤헨버거(David Hehenberger)는 두 개의 워드프레스 플러그인, 이지 프라이싱 테이블(Easy Pricing Tables)과 이지 옵트인스(Easy Opt-Ins)를 활용하여 팻캣 앱스(FatCat Apps)라는 사이트를 개설했다. 이로써 데이비드는 베트남에서 정규직 개발자를 고용하였으며 컨설팅 대신 사업을 성장시키는 데 전념하게 되었다.

이처럼 기술 창업가들에게 플러그인(특히 워드프레스 플러그인)은 단계를 밟아 올라가기 위한 가장 흔한 수단으로 활용되고 있다.

이번에는 소프트웨어와 플러그인 외에 다른 사례를 살펴보자. 앞서 나왔던 앤드루 유데리안이다. 라잇 채널 라디오를 운영하며 CB 라디오 전자상거래를 시작했던 그는 다음 단계로 넘어갔다. 전자상거래 전문지식과 인맥을 확대하면서 자신의 드롭쉬핑 방식 사업에 트롤링 모터(trolling motors, 작은 보트나 카누에 장착하여 자동으로 나아가게 하는 선외 모터―옮긴이)를 추가한 것이다. 지금은 이커머스퓨어닷컴(eCommerceFuel.com)을 운영하며 전자상거래 창업가들이 사업을 성장시키도록 돕고 있다.[37]

소프트웨어 디자이너이자 작가인 네이선 배리(Nathan Barry)의 예도 있다. 그는 두 권의 저서 『앱 디자인 핸드북*The App Design Handbook*』과 『웹 애플리케이션 디자인*Designing Web Applications*』을 발간한 것을 계기로 개인 사업에 뛰어들었다.

네이선은 고가의 이북 출판 전략(책 가격이 39달러부터 시작됐다)이 많은 사람들 사이에서 인기를 끌자 이번에는 독립 출판에 관한 저서 『어서러티*Authority*』를 출간해 큰 성공을 거두었다. 지금은 작가들을 위한 이메일 마케팅 소프트웨어인 컨버트키트(ConvertKit)의 보급을 확대하고 있다.[38]

필리핀의 한 리조트에서 인턴으로 근무하던 존 매킨타이어(John McIntyre)는 누군가로부터 자동응답 이메일을 작성해 달라는 부탁을 받았다. 잠재 고객을 신규 고객으로 전환할 수 있게끔 고안된 이메일 다섯 개를 작성해 달라는 것이었다. 첫 번째 이메일이 성공적인 반응을 이끌어 내자, 그는 해당 서비스에 대한 마케팅에 돌입한 후[39] 사업주들을 대상으로 이메일 마케팅과 고객 전환 컨설팅 서비스를 상품화하여 출시했다.[40] 이 사례에 비해 넓은 고객층과 낮은 가격대를 타깃으로 설정했다는 점에서는 다르지만, WP 커브를 운영하는 댄 노리스 또한 존처럼 상품화된 서비스를 출시했다.

어느 하나 독특하지 않은 사업 모델이 없지만, 공통점을 찾자면 자본이나 공식적인 자격증명이 더 이상 각 사업 영역에서 진입 장벽으로 작용하지 않는다는 점이다. 창업가들이 필요로 하는 자원들은 모두 온라인에서 무료로 혹은 비교적 저렴하게 구매하여 시작하면 되고, 이후부터는 스스로 노력을 기울이면 된다.

이제는 차근차근 창업의 단계를 밟아 가는 것이 자신만의 사업을 통해 도약하기 위한 가장 믿을 만한 방법이 되고 있다. 그리고 늘어난 잠재 수요와 낮아진 진입 장벽 덕분에 많은 사람들이 좀 더 수월한 방식으로 창업가의 대열에 들어설 수 있게 되었다. 사업을 운영하는 것 자체가 쉬운 일이라고 말하는 것은 아니다. 창업을 하고자 한다면 계속해서 계단을 밟아 올라가야만 한다. 모든 계단을 한 번에 뛰어넘을 수는 없는 일이다.

단계별 접근법을 따라가다 보면 모험적이고 혁신적인 기업을 만들어 운영하는 데 필요한 능력을 발전시킴으로써 탄력과 추진력을 얻을 수 있으며 그 과정에서 인맥 또한 넓힐 수 있다. 처음부터 마음이 맞는 사람을 만나기는 어렵겠지만, 결과물을 창출하면서부터는 그 성과에 관심을 보이며 당신의 성공담을 나누고, 당신에게서 배우고, 나아가 당신과 함께 일하고 싶어 하는 사람이 나타나게 된다.

10

수습생으로
복귀하라

최근 생겨나고 있는(엄밀히 말해 다시 생겨나고 있는) 또 하나의 사회적 각본은 '수습생활(apprenticeship)'이다. 1900년에 이르기까지 수천 년 동안 직업은 학위가 아니라 수습생활에서 시작되었다. 벤저민 프랭클린(Benjamin Franklin)은 형의 인쇄소에서 수습공으로 일을 배우기 시작했으며 이후 (정치·외교 분야에서 활동하기 전까지) 차근차근 단계를 밟아 올라가 자신의 인쇄소를 경영하게 되었다.[41]

중세 유럽에서 장차 장인(master)이 되려 했던 사람들은 흔히 관련 기술을 가진 장인으로부터 기술을 전수받기 위해 수습공(apprentice)이 되었다. 수습공은 약 7년 정도 장인의 가게에서 수련 기간을 거친 뒤 직인(journeyman)이 될 수 있었다. 그 단계에서 길드의 심사에 합격할 만한 과제를 수행해야 했다. 길드의 심사를 통과하면 장인으로 인정받아 수습공과 직인 등 도제를 두고 독립된 수공업자로서 활동을 시작할 수 있었다. 이는 가족과 공동체에 기술이 전수되는 방식이었다.

오늘날 수습생으로 일한다는 것은 단계(기술을 습득하고 인맥을 형성)를 거친다는 점에서 중세 도제와 동일한 전제에서 출발한다. 다만 앞선 장에서 다룬 단계별 접근법이 대안적인 수입(컨설팅, 프리랜서 일, 또는 직업)을 상품 제작에 투자하는 방식으로 전개된다고 한다면, 수습생 방식은 자신의 주 수입원을 기술 습득 및 인맥 형성과 연계시키는 개념에 바탕을 두고 있다. 자신이 앞으로 5년에서 10년 동안 하려고 하는 일, 바로 그 일을 하고 있는 전문가를 찾아가 이렇게 부탁하는 것이다.

"비교적 저렴한 비용으로 이곳에서 당신을 위해 일하겠습니다. 당신이 평소 많은 비용을 들여 했던 일을 제가 맡겠습니다. 대신에 고도의 훈련을 받고 싶습니다. 당신의 사업이 어떻게 돌아가는지 속속들이 들여다보려고 합니다. 당신이 어떻게 제품을 출시하는지, 업종이 어떻게 형성되어 있는지, 제가 알아야 할 사람이 누구인지 확인하려고 합니다."

이는 자신의 자금(예를 들어 사업 자문, 업무 처리, 예비비 저축에 필요한 자금)을 들이지 않고 사업을 경험하는 기회가 될 수 있다.

수습생활은 바로 내가 창업에 뛰어들어 거쳤던 과정이다. 나는 모즈닷컴(Moz.com)이 온라인에서 제공하는 SEO 초보자 길잡이를 활용하여 독학으로 SEO를 어느 정도 터득했다. 그다음 20달러를 들여 고대디닷컴(GoDaddy.com)에서 호스팅 계정을 만들었다. 당시 영어강사로 일했던 나는 본업 외에 부업으로 웹사이트를 만들었다. 그러면서 마케팅 대행사 몇 군데에 접촉했으며, 내가 만든 사이트로 기술을 증명해 보였다. 그랬더니 인턴으로 일할 수 있는 기회가 생겼다. 나중에는 정규직이 되어 인터넷 마케팅과 프로젝트 관리 등의 전문 지식을 원 없이 배웠다. 이후 나는 다른 소규모 창업기업에 입사해서 2년을 더 일했다. 거기서 SEO 담당자, 마케팅 관리자를 걸쳐 소규모 부서를 관리하는 단계까지 발전했다. 이처럼 나는 창업기업에서 일하며 현장을 몸소 체험한 덕분에 창업 관련 기술을 습득할 수 있었다. 게임에 뛰어든 뒤 한참이 지나는 동안 부지불식간 창업에 투자하고 있었던 셈이다.

다른 창업가들은 어떨까? 찰리 호엔(Charlie Hoehn)은 경영 컨설턴트 래미트 세시, 베스트셀러 작가 팀 페리스 밑에서 몇 년 동안 공부하며 그들과 함께 일한 후 마침내 자신의 저서 『플레이 잇 어웨이*Play It Away*』를 출간했다.

『뉴욕타임스』 베스트셀러 작가이자 미디어 전략가인 라이언 홀리데이(Ryan Holiday)도 마찬가지다. 그는 『권력의 법칙*The 48 Laws of Power*』, 『유혹의 기술*The Art of Seduction*』 등 세계적인 베스트셀러 다섯 권을 발표한 로버트 그린(Robert Greene)의 수습생으로 들어가 일한 후 『나를 믿어라, 나는 거짓말쟁이다*Trust Me, I'm Lying*』를 출간해 베스트셀러 작가가 되었다.

1. 확고한 인맥을 구축할 수 있다

창업가들이 흔히 사업 초기에 범하는 실수 중 하나는 사업 아이디어가 필요하다고 생각하는 것이다. 하지만 그런 경우는 거의 없다. 사업 아이디어가 당장 필요하지는 않다. 그보다 먼저 필요한 것은 인간관계다. 인간관계를 쌓고 창업을 위한 경험을 쌓아 나가다 보면 사업 아이디어가 점점 더 중요한 문제가 되는 시점이 오겠지만, 그렇다고 해서 당신이 생각하는 것만큼은 아니다.

경험 많은 창업가들은 종종 '샤이니 오브젝트 신드롬(shiny object syndrome, 예전에 보지 못하던 새로운 아이디어나 상품이 등장하면 맹목적으로 쫓아가려는 경향—옮긴이)'에 대처해야 할 상황에 놓인다. 그들은 기회가 너무 많고 신선한 아이디어가 넘쳐나지만 오히려 그것들을 쫓아갈 만한 자원이 충분치 않다는 사실을 인식한다.

창업을 하고 확고한 인맥을 구축한 사람들 중에 아이디어가 없어 곤란을 겪는 사람을 본 적은 없다. 유저 온보딩 전문가인 새뮤얼 헐릭(Samuel Hulick)은 롭 윌링이 이메일 마케팅 툴인 드립을 출시하던 당시 그의 수습생이 되는 것에서부터 시작했다. 그는 짧은 수습기간을 거치면서 SaaS 애플리케이션의 유저 온보딩이 주요 페인 포인트(pain point, 플랫폼 이용자들이 느끼는 불편함과 취약점—옮긴이)였다는 점을 깨달았다. 이후 그는 유저온보드닷컴(UserOnboard.com)을 개설하여 온보딩 프로세스(onboarding process)를 운영하는 SaaS 기업들을 지원하고 있다.

2. 비즈니스 생태계의 복잡성 영역을 미리 경험할 수 있다

자격주의는 난해성 영역을 잘 헤쳐 나가는 법을 가르치는 효과적인 체계였다. 좋은 사례들을 비교 평가할 수 있고, 원인과 결과에 밀접한 상관관계가 있는 난해성 영역에서는 잘 작동했던 것이다. 하지만 복잡성 영역에 대처하는 부분에서는 효과적인 체계라고 증명되지 않았다.

나는 여러 창업가들과 함께 일하면서 충격적인 경험을 했다. 대부분이 자신들의 직감에 따라 수만 또는 수십만 달러를 쓰려고 했다. 복잡성 영역에 내재된 본질이라고 하면, 학습이 아닌 해당 영역에서 획득한 경험을 통해 최적의 아이디어와 접근법을 얻는다는 것이다. 수십 개의 회사를 설립하고 성장시킨 마이클 매스터슨(Michael Masterson)은 저서 『준비, 발사, 조준*Ready, Fire, Aim*』에서 CEO가 자리를 잡고 앉아 직관에 근거해 실현 가능한 최고의 아이디어를 구상하여 신제품을 개발해야 한다고 기업들에게 조언한다. 대개는 장기간 시장과 상호작용해야 기발한 신제품이 탄생한다. 그것은 어느 누구도 가르쳐 주지 못하는 것이다. 그런데 수습생활을 거치면서 당신은 자기 돈을 쓰지 않고도 시장을 관찰하고 체험하게 된다.

3. 돈을 벌면서 더 나은 가치를 창출할 수 있다

수습생활은 지금 당장 믿기 어려울 정도로 놀라운 가치를 가져다준다. 로스쿨에 들어가거나 MBA를 이수하겠다고 거액을 들이는 대신, 돈을 벌면서 시장에서 가치를 인정받는 기술을 습득하고 인맥

을 형성할 수 있게 해 주는 것이다. 그러나 사람들은 대부분 저임금
의 수습생활을 노동착취로 여기며, 대학 학위나 MBA를 취득하려고
거액을 대출받는 일을 현명한 투자라고 생각한다. 이는 우리가 여전
히 적응하지 못하고 있는 지식경제의 유산일지도 모른다.

▌창업기업이 운영하는 수습제도의 이점

창업가가 되는 꿈을 안고 회사에 입사 지원하는 사람은 많을지
몰라도 희생을 기꺼이 감수하려는 사람은 별로 없는 것 같다. 따라
서 엄격한 채용제도를 운영해야 한다는 것은 두말하면 잔소리다. 기
꺼이 희생을 감수하며 이례적인 가치를 창출하려는 사람들은 분명
히 있다.

1. 리스크를 최소화한다

전통적인 고용 모델에서는 신규 인력 채용에 막대한 투자를 한
뒤, 그들과 가능한 한 오랫동안 관계를 유지하는 데 초점을 맞추었
다. 긴 안목에서 그들이 성과를 올리리라는 기대를 안고 투자하는
것이다. 그런데 그 과정에서 기업들이 자주 겪는 일이 있다. 바로 직
원들이 갖가지 트레이닝의 혜택을 입다가 어느 날 갑자기 다른 기회
를 찾아 회사를 떠나는 것이다. 이때 기업들의 반응은 한결같다. 당
황하다가 인력 유지 프로그램을 개선하는 식이다.

그런데 차라리 처음부터 20년에서 50년이 아닌 2년에서 5년만 일

하게 만드는 방식으로 전환할 수는 없는 걸까? 인력 유지 프로그램을 개선하려 애쓰지 말고, 단기간의 수습 프로그램을 만들어 적용할 수 있다는 얘기다. 아예 예정된 기간 동안 일하는 것을 조건으로 수습 고용 계약을 설정하고, 적은 보수를 지급하는 대신 업계에 대한 지식을 습득하고 인맥을 쌓을 수 있게 지원해 주는 것이다. 기업은 리스크를 최소화하고, 직원은 장차 자신의 창업을 위한 능력을 키울 수 있다.

2. 자질이 뛰어난 최적임자를 끌어들일 수 있다

10명으로 구성된 마케팅 부서의 성과를 평가하는 경우, 결과는 어김없이 80/20의 파레토 법칙으로 귀결된다. 10명 중 2명이 매출의 80퍼센트를 창출한다는 말이다. 하지만 수습제도는 이와 다른 개념을 바탕으로 이루어진다. 비록 짧은 기간이라도 재능이 탁월한 개인들을 조직에 영입한다면 상상을 초월한 가치를 창출할 수도 있다는 것이다.

창업기업들은 수습제도를 토대로 젊고, 재능 있으며, 성공하려는 열망에 가득 찬 지원자들을 영입할 수 있다. 젊은 예비 창업가라면 자신이 수습생활을 하는 몇 년 동안 회사를 성장시키기 위해 총력을 기울여야 한다는 점에 동의할 것이며, 그것을 자신의 미래에 대한 투자라고 여길 것이다. 고용주 입장에서는 전통적인 방식의 직업이 아닌 일자리를 구하는 지원자들을 끌어들일 수 있는데, 이를 통해 결국 스스로에게 가치 있는 투자를 하는 셈이 될 것이다. 그들이 고용주가 일반적인 노동시장에서는 획득할 수 없는 소중한 인맥과 기술을 구축해 줌으로써 거래 가능성을 높이는 데 일조할 것이기 때문이다.

3. 똑똑하고 야심 찬 사람들의 네트워크가 구축된다

포부가 큰 직원들은 수습제도를 거친 후 자신의 회사를 차릴 정도로 성장하거나 동료 창업가들과 일하며 유용한 인맥을 확대해 나간다.

NFL 소속 미식축구팀 뉴잉글랜드 패트리어츠(New England Patriots)의 감독 빌 벨리칙(Bill Belichick) 같은 스포츠 감독들은 오랫동안 도제 모델을 활용했다. 그들은 젊은 감독들에게 2부 리그 헤드 코치가 되기보다는 1부 리그 어시스턴트 코치가 되라고 제안한다. 이로써 그들은 챔피언십 시스템을 분석·체험하고 다른 감독들과 인맥을 형성할 기회를 가진다. 또한 경륜 있는 감독들은 자질이 뛰어난 젊은 감독들을 영입함으로써 그들이 팀 내에 새로운 혁신의 바람을 주입시키게 하면서 서서히 네트워크를 구축해 나갈 수 있다. 현재 NBA나 NFL에서 활동하는 헤드 코치들을 보면 80/20 법칙이 적용되었다는 것을 알 수 있다. 그들 중 80퍼센트는 공통적으로 초창기 시절에 20퍼센트의 이전 세대 헤드 코치들 밑에서 도제 생활을 했다.

이와 유사하게 기술 창업기업들은 성공한 기업가 간의 공생 관계 내지 이익집단을 구성하기 시작했다. 그들의 초창기 시절로 거슬러 올라가 보면 대개 공통점을 발견할 수 있다. 예를 들어 스페이스

엑스(SpaceX)와 테슬라(Tesla)의 창립자이자 CEO인 엘론 머스크(Elon Musk), 링크드인 대표 리드 호프만(Reid Hoffman), 팰런티어(Palantir) 공동 설립자 피터 틸에게도 공통점이 있다. 그들은 온라인 결제 서비스 기업 페이팔에서 함께 일했다.[42]

▌자신만의 성과를 이뤄 보는 것이 중요하다

『뉴욕타임스』 베스트셀러 순위에 세 차례나 이름을 올린 작가 터커 맥스(Tucker Max)는 수습생 방식으로 많은 사람들을 고용했다. 그리고 터커 밑에서 수습생으로 일한 사람들은 거의 대부분 이후 스스로 실행한 프로젝트나 이직한 회사에서 성공가도를 달렸다. 터커의 수습제도 성과가 훌륭했던 이유는 무엇일까? 터커의 말을 빌리자면 그는 '무언가 일을 해내 본 사람들'을 고용한다.

예전에 나는 이미 9개월 전에 입사 면접을 본 적이 있는 한 회사에서 수습생활을 한 적이 있다. 9개월 전 면접을 보던 당시 그들은 내게 이렇게 말했다. "당신은 꽤 똑똑한 사람이군요. 하지만 우리 회사에서 활용할 만한 기술은 전혀 갖고 있지 않아요."

이 일을 계기로 나는 홈퍼니싱(home furnishing) 웹사이트를 구축한데 이어 구글 애드센스(Google Adsense) 프로그램을 활용해 해당 웹사이트에서 광고 공간을 판매하기 시작했다. 그 덕에 지역 마케팅 회사와 함께 일하게 되기까지 했다. 면접에서 떨어졌던 회사에 다시 수습직으로 지원했을 당시 나는 이미 몇 개의 웹사이트를 구축한 뒤였고, 함께 일하게 된 마케팅 업체에서는 프로젝트 관리자 자리에 까지 오른 상태였다. 회사는 내가 궤도에 들어섰다고 보았고 나를 고용했다.

앞서 소개했던 찰리 호엔 역시 이와 같은 과정을 밟았다. 팀 페리스의 수습생에 지원할 당시 그간 래미트 세시와 함께 일했던 경험을 보여 줄 수 있었던 것이다.

Part 5

일의 미래는
어떻게 될 것인가

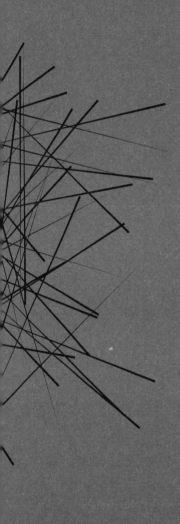

The
End
of

Jobs

오늘날을 살아가는 우리가 신석기 시대 이전의 수렵·채집 집단을 보면 어떤 생각이 들까? 지금의 기준을 적용한다면 그들은 '직업이 없는' 사람들이다. 그들은 생존에 필요한 일만 했으며, 각자 담당하는 역할이 있었다. 그들이 나누어 맡았던 역할은 비효율적으로 보이지 않는다. 우리 기준으로 뭔가 효율성을 얻기 위해 적극적으로 회피해야 하는 행위로 여겨지지 않는다는 것이다. 하지만 그렇다고 해서 지금 우리가 하길 원하는 '직업'으로서의 일들로 보이지도 않는다. 그들이 수행했던 활동은 더 넓은 삶의 경험에 통합되는, 말 그대로 그저 삶의 일부였을 뿐이다. 그들은 대부분 필요에 따라 사냥과 채집을 했다. 그러다 며칠 동안 먹을 수 있는 충분한 식량이 생기면, 서로 어울리고 놀이를 하며 많은 시간을 보냈다. 또한 이들은 끊임없이 이동했기에 식량을 비축할 수도, 비축할 필요도 없었다. 설령 식량을 쌓아 둔다 하더라도 금세 부패할 터였다. 이러한 방식은 신석기혁명 이후 농경과 정착생활이 이루어지기까지 계속되었다.

오늘날에도 일의 개념을 이렇게 받아들이는 곳들이 있기는 하다. 예전에 베트남 남부 메콩 강 삼각주를 방문했을 때 현지에 거주하는 한 여성에게서 들었던 이야기가 떠오른다. 그 지역 남자들은 흔히 한 주를 시작하고 첫 며칠 동안 일을 나간다고 했다. 그렇게 해서 이후 얼마간 살아갈 수 있는 돈을 모으면 외부 활동을 멈추고 집에서 가족과 함께 시간을 보내거나 친구들과 술을 마시며 시간을 보내는 경우가 많다는 것이다.

인류가 농경사회에 정착하자마자 노동은 기존과 다른 양상을 띠었다. 밭을 일구는 농부들은 수렵·채집인들이 이해할 수 없는 방식으로 일했다. 그들의 일은 결코 끝나지 않았다. 중요한 점은 인류가 이동생활에서 정착생활로 전환한 후부터 부를 축적하기 시작했다는 것이다. 노동의 결과로 곡물을 저장할 수 있었고, 그로 인해 더 많이 일했고, 결과적으로 더 많은 부를 축적할 수 있었던 것이다.

부의 축적은 부양해야 할 가족의 확대로 이어졌다. 가족이 많아지고 공동체가 확대되면서 물질적 부를 요구하는 사이클은 갈수록 강화되었다. 생산물을 저장하고 부를 축적하는 능력은 일과 직업에 대한 근본적인 전환을 일으켰다. 밭을 가는 일이 매력적으로 느껴지지는 않았을지 모르지만, 이 변화로 인해 개인이 이전에는 불가능했던 방식으로 부와 권력을 획득할 수 있게 된 것이다. 사실 이러한 변화는 사람들이 더욱 행복해하고 만족해서 의식적으로 선택된 것이 아니었다. 그것이 경제적 번영과 권력을 이끌어 냈기 때문이었다. 강제로라도 노동을 완수해 내도록 부추기는 사회가 형성된 것이다.[43]

신석기 사회의 부상과 함께 노동은 피해야 할 저주 같은 것으로 보였다. 현존하는 가장 오래된 책 구약성서의 창세기 3장 19절을 보면 아담이 에덴동산에서 타락하자 신이 다음과 같이 노동과 죽음의 저주를 내리지 않았던가. "네가 흙으로 돌아갈 때까지 얼굴에 땀이 흘러야 먹을 것을 먹으리니 네가 그것에서 취함을 입었음이라. 너는 흙이니 흙으로 돌아갈 것이니라."

그리스인들 또한 노동을 저주받은 행위로 보았다. '노동'을 뜻하는 그리스어 '포노스(Ponos)'는 '고난의 신'을 의미하기도 한다. 그리스에서 육체노동은 비천한 것으로 인식되었으며 노예들이나 하는 일이었다. 고대 그리스 철학자 플라톤 역시 육체노동이란 엘리트들이 순수한 정신훈련(예술, 철학, 정치학 등)에 종사할 수 있도록 그밖에 다수 노동자들이 수행해야 하는 일로 여겼다.

▌노동 모델과 환경의 변화

노동은 점점 더 지금 우리가 이해하는 직업의 형태가 되어 갔다. 이는 문명의 발전에 따른 자연스러운 변화였다. 그리고 산업혁명으로 인해 전문적인 노동에 대한 수요가 상승함에 따라 개인은 점점 더 특정한 일에 종사하게 되었다.

산업혁명이 일어나고 공장이 출현한 이후 부를 축적하는 측면에서도 변화가 일어났다. 상품을 더욱 효율적으로 생산하여 소비자들에게 보다 저렴한 가격으로 공급할 수 있게 됨에 따라 부를 축적하는 속도와 양이 극적으로 늘어나게 된 것이다. 신석기혁명 이후 개인이 물질적 부를 축적하기 시작했다면, 산업혁명 이후에는 그 경향이 가속화되었다.

산업혁명 시기의 개인들 역시 농경사회로 전환할 당시 개인들이 그랬던 것처럼 단순히 행복한 자기실현 욕구 때문에 새로운 형태의 노동을 선택한 것이 아니었다. 사회에 내재한 경제적 한계를 효과적으로 다루고 물리적인 생활의 질을 좀 더 개선시키기 위한 선택이었다. 실제로 산업혁명 이후 영국의 공장 노동자들은 그보다 200년 전 농업에 종사한 선조들보다 물질적으로 더 나은 삶을 살았다.

헨리 포드(Henry Ford)는 1914년 노동자들의 일당을 5달러로 인상하는 조치를 단행해 이직률을 대폭 줄였을 뿐 아니라 생산량을 몇 배나 늘렸다.[44] 이 경향은 20세기 내내 이어졌다. 직장 노동자들은 과거에 비해 점점 더 많은 급여를 받으며 생산량을 증가시켰다. 산업혁명의 약속이 이행되고 있었다. 사람들은 더 많은 돈을 벌 수 있었기에 노동자가 되었다. 일당 5달러를 받은 포드 공장 노동자들은 소작인으로 살았던 그들의 조부보다 더 부유한 삶을 살았다. 농작물의 작황을 걱정할 필요 없이 가족을 먹여 살릴 수 있게 되었다.

또 지난 200년 동안 서구 사회의 노동 시간은 서서히, 그러나 꾸준하게 단축되어 왔다. 미국 내무부의 인구조사보고서에 따르면, 1830년 당시 70시간에 달했던 주중 평균 노동시간은 20세기로 전환되었을 무렵 60시간까지 점차 줄어들었다가 1940년에는 40시간으로 떨어졌다.[45] 특히 기술이 극적으로 발전한 오늘날에는 순전히 노동 시간을 많이 투여하는 것만으로는 부를 창출하거나 생산성을 확대할 수 없게 되었다. 새로운 한계를 극복하기 위한 활동, 그리고 기업가적 임무가 질적으로 달라진 것이다. '투입-산출' 모델을 기반으로 하는 단순 노동과 복잡 노동, 전통적인 직업 중심의 노동은 더 이상 효과를 기대하기 어렵게 되었다.

▌톰 소여 효과에서 배우는 일의 의미

세계적인 소설가 마크 트웨인(Mark Twain)의 『허클베리 핀의 모험 *The Adventures of Huckleberry Finn*』을 보면, 톰 소여가 말썽을 부리다 폴리 이모로부터 담벼락에 페인트칠을 하라는 벌을 받는 장면이 나온다. 이때 톰은 잔꾀를 낸다. 지나가던 친구들에게 담장을 칠하는 일이 얼마나 그럴듯하고 재미있는 일인지 허풍을 떤 것이다. 그러자 친구들은 선물까지 갖다 바치며 페인트칠을 하게 해 달라고 사정한다. 결국 못 이기는 척 페인트칠 일을 넘긴 톰은 손 하나 까딱 안 하고 폴리 이모가 준 임무를 완수한다. 아이들이 자발적으로 열심히 페인트칠을 했음은 물론이다.

경제학자들은 이런 현상을 '톰 소여 효과(Tom Sawyer Effect)'라고 부른다. 교훈은 간단하다. 사람들은 일을 하고 싶어 하지만, 억지로 하길 원하지는 않는다. 하지만 의무적인 노동은 지난 3000년 동안 일과 직업을 이루어 온 패러다임이었다. 이 패러다임 덕분에 경제적 한계가 극복되었고, 물질적 풍요가 증대되었다. 그래서 우리는 그것을 받아들였다. 그로 인해 전반적인 삶의 질이 나아졌기 때문이다. 한 사회가 생존하는 데 필요한 일일뿐더러 개인들에게 가치 있는 거래이기 때문에 비효율적인 노동을 받아들인 것이다.

20세기 초에만 해도 사람들은 대개 대도시에 있는 공장이나 회사에서 일할 수 있기를 갈망했다. 그보다 보잘것없는 농경생활에 비해 경제적으로 풍요로운 삶을 누릴 수 있었기 때문이다. 하지만 앞선 장에서 살펴봤듯이 이제는 한계가 바뀌었다. 사회적으로나 개인적으로나 경제 성장은 정체되었다. 경제에 질적·구조적 변화가 일어났기 때문에 직장을 구하는 일이 갈수록 어려워지고 있다. 또한 구직과 관련된 위험성이 높아졌고, 직장을 얻어도 별다른 이득을 얻기 힘들어졌다.

과거에 우리가 일자리의 비효율성을 감내하면서도 균형 있는 삶을 추구할 수 있었던 것은 한계를 극복하는 게 가능했기 때문이다. 직업을 통해 부를 축적할 수 있었던 것이다. 하지만 상황이 변했다. 이제 사회를 발전시키기 위해 필요한 노동은 근본적인 인간의 동기를 자극하는 방향으로 나아가야 한다. 그리고 복잡성 영역에 있는 창업가의 노동은 더욱 가치 있을 뿐 아니라 인간 본연의 동기에 부합하는 일이다. 분명한 것은 지난 3000년 동안 비정상적으로 인간의 근본적인 동기를 억압하던 노동 방식이 이제는 사라지게 되리라는 점이다.

▌인간에게 동기를 부여하는 3가지 핵심 가치

역사가 보여 주듯이, 인간은 농경 시대 이래 물질적 부를 획득하고자 하는 열망에 빠지게 되었다. 그것이 풍요와 권력을 가져다준다고 믿었기 때문이다. 그럼에도 인간에게 중요한 것은 그것만이 아니다. 역사적 사례를 비롯해 지난 수십 년 동안 수집된 자료를 보면 인간의 핵심 동기는 다음 세 가지로 요약된다. 바로 돈(money), 자유(freedom), 의미(meaning)다.

돈은 실제로 일반적인 물질적 부를 상징할 뿐 아니라 얻고자 하는 재화의 매개체이자 대용물이다. 그런데 어느 정도 수준의 물질적 풍요에 도달하면 개인을 추동하는 동기가 급격히 떨어진다고 한다. 따라서 자유와 의미라는, 다른 두 가지 핵심 동기를 찾아야 하는 상황에 이른다.[46] 예를 들어 부유한 사람들 중에는 은퇴한 후 자선사업에 뛰어들어 다른 사람들을 도우며 의미를 찾고, 그 과정에서 스스로 자유를 얻은 경우가 많다. 존 록펠러, 앤드루 카네기, 워런 버핏, 빌 게이츠는 모두 자선사업에 관심을 쏟고 가족과 함께 더 많은 시간을 보내면서 자유와 의미를 선택한 사람들이다. 하지만 이는 이미 부유한 사람들에게만 가능한 일이 아니다. 앞선 장들에서 언급했던 경제 구조의 변화로 인해 이제 누구나 추구할 수 있는 가치가 되었다. 이제 자유와 의미는 자신의 모든 시간을 투여하고 난 삶의 후반기로 미뤄야 할 사치스러운 일이 아니라는 것이다.

자유와 의미는 이제 우리가 활용해야 할 잠재력이 되었다. 이 두 가지 핵심 가치를 노동에 투여할 수만 있다면 톰 소여 효과를 극대화할 수 있게 된다. 마지못해 했던 일, 직업으로서의 일을 이제 스스로 선택하는 일로 전환하는 것이다. 노동은 더 이상 의무가 아니라 추구해야 하는 무언가가 되어야 한다. 또한 노동은 비효율적인 것이 아니라 삶에 통합된 가장 효율적인 일이 되어야 한다. 그 결과 노동의 질이 향상되고, 우리는 더 나은 일을 하며 살아갈 수 있게 된다. 다시 말하지만 자유와 의미는 부자가 된 후에 누리는 혜택이 아니다. 오히려 우리로 하여금 부를 쌓을 수 있게 도와주는 힘이다.

당신의 경력에서 가능한 한 빠른 시기에 자유와 의미를 추구하라. 당신의 노동에 자유와 의미를 부여함으로써 무엇이든 할 수 있고, 가족과 더 많은 시간을 보낼 수 있으며, 다른 사람들을 도울 수 있고, 더 많은 부를 창출할 수도 있다.

11

앙트레프레너의
경제학

영국의 한 경제학자가 과거 2000년간의 인류 경제 역사를 바탕으로 한 연구 결과를 발표하면서 인간 종이 필연적으로 귀결될 수밖에 없는 결론이 있다고 설명했다. 바로 굶주림을 겪을 수밖에 없는 운명이라는 것이다. 지구가 인간을 받아들일 수 있는 환경수용력이 한계에 도달했다는 얘기였다. 그에 따르면, 인구는 기하급수적으로 팽창하지만 식량은 산술급수적으로 증가하기 때문에 머지않아 인간의 식량 생산 능력이 한계에 도달하게 된다. 그러면 대규모 기아 사태가 발생하여 결국 인구가 억제되는 결과로 이어진다. 인구 최종 명단에 들어가는 사람들에게 위안이 될 만한 이야기는 아니다.

단순한 추정이 아니었다. 그는 전 세계의 자료를 널리 수집하여 명백한 역사적 데이터를 바탕으로 그와 같은 결론을 내렸다. 연구 결과를 발표한 사람은 바로 토머스 맬서스(Thomas Malthus)다. 1798년에 출판한 『인구론An Essay on the Principle of Population』에서였다. 그에 따르면 인구 성장은 인간이 따라잡을 수 있는 능력을 넘어서는 강력한 힘이다. 그 결과 생존을 위한 최소 수준으로 계속 되돌아갈 수밖에 없게 된다. 다시 말해 점점 더 많은 사람들이 태어남에 따라 그들을 먹여 살리는 일이 어려워지게 된다는 얘기다.

하지만 지금까지 맬서스의 예측은 빗나갔다. 맬서스가 미래에 대해 우려를 나타낸 이후 200년 동안 인류의 식량 생산 능력은 인구 증가세를 따라잡는 수준에 멈추지 않았다. 자그마치 30배 이상 앞섰다. 오늘날 세계 인구가 60억을 훌쩍 넘어선 상황에서도 개인들은 선조 세대가 상상조차 못할 정도로 많은 부를 쌓았다. 개인 소득 측

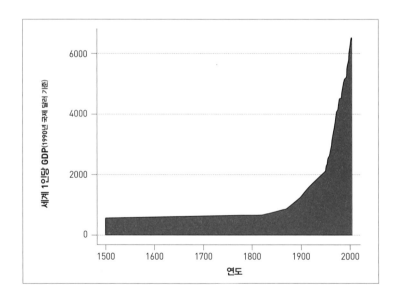

정지표인 1인당 GDP는 지난 200년 동안 전 세계적으로 연간 300달러에서 6000달러 이상으로 상승했으며, 미국 및 유럽 여러 국가에서는 연간 2만5000달러를 넘어섰다.

오늘날 우리가 이용할 수 있는 물질적 부의 수준이 상당히 높아졌다는 점은 부인할 수 없는 사실이다. 선조 세대에서는 지금 우리가 당연시하는 것들, 예를 들어 스마트폰이나 아마존의 '이틀 배송' 같은 상품과 서비스를 상상조차 하지 못했을 것이다. 맬서스처럼 기술과 사회의 극적인 진보를 예견하지 못했기 때문이다. 그런데 우리는 여전히 맬서스가 저지른 것과 같은 실수를 반복하고 있는 듯하다. 폐기되어야 할 옛 가치관과 세계관에 붙잡혀 있는 것이다.

예를 들어 돈 이야기를 해 보자. 우리 가족은 내가 성장하는 동안 돈에 대한 이야기를 거의 입 밖으로 꺼내지 않았다. 돈은 사실 오늘날에도 많은 가정에서 필요악으로 치부하며 터부시하는 주제다. 가톨릭교회는 오랫동안 고리대금업을 죄악으로 여겼다. 물론 돈(부의 대용물)이 한정된 자원인 사회에서는 돈을 빌려주는 행위를 막는 것이 바람직할 수 있다. 1800년경까지 인류 역사의 대부분 기간 동안 그랬듯이, 부가 한정되어 있을 경우 대부를 통해 한쪽은 이기고 다른 쪽은 망하는 결과를 초래하기 쉽기 때문이다. 시장에 공급되는 돈이 한정되어 있는 상황에서 내가 당신에게 돈을 빌려주었을 경우, 당신은 다른 누군가에게서 돈을 빌려 내게 진 빚을 갚을 수밖에 없는데, 이때 당신에게 돈을 빌려준 누군가는 또 다른 사람에게서 돈을 가져올 수밖에 없다. 악순환이 계속되는 것이다.

그런데 돈을 한정된 자원으로 이해하는 방식은 산업화 이전 시대의 관념에 기인한다. 현대 사회에서 돈과 부가 흘러가는 형태에는 그다지 부합되지 않는다. 산업혁명과 더불어 인류는 부의 창출을 꾀했다. 말하자면 부를 확대하는 능력을 만들어 냈다. 그 과정에서 많은 어려움이 있었지만, 세계 1인당 GDP는 수백 년 동안 약 1~2퍼센트씩 증가했다. 그 성장세가 그리 큰 수치로 보이지 않을지도 모르지만, 20세기를 거치면서는 우리가 확인했듯 부가 폭발적으로 증가했다. 기술, 다시 말해 컴퓨터와 인터넷은 그러한 능력을 또다시 배가시켰다. 지금은 부와 가치를 창출하는 일이 훨씬 더 수월해졌다. 말 그대로 '부자가 되고 돈을 끌어모으는 일'이 역사상 그 어느 때보다 쉬워졌다는 것이다.

다시 말하지만, 이러한 시대적 상황, 그리고 앞선 장들에서 언급한 수많은 변화 요인들을 감안한다면 비교적 적은 초기 비용만 가지고도 연간 20~30퍼센트 많게는 100퍼센트의 수익을 내는 비즈니스를 시작하는 일이 더 이상 50년 전처럼 꿈같은 일이 아니라는 것이다. 그럼에도 돈이 어떻게 굴러 가고, 부가 어떻게 창출되는지에 대한 우리의 생각은 아직도 구식 세계관에 멈춰 있는 건 아닐까?

▌파이를 나누기 전에 먼저 굽는 것이 중요하다

낚싯대 하나만 들고 무인도에 갇히게 되었다고 가정해 보자. 식수는 있지만, 식량이 하나도 없는 상황이다. 별다른 활동을 하지 않는다 해도 하루에 물고기 한 마리 정도의 에너지를 소비해야 생존할 수 있다. 그래서 물고기를 잡아야 하는데, 그러려면 추가로 소모된 에너지를 보충하기 위한 물고기 한 마리가 더 필요하다. 다시 말해 하루에 두 마리를 잡으면 생존할 수 있고, 그러지 못하면 죽게 되는 것이다. 그런데 만약 세 마리를 잡으면, 다음 날 남는 시간 동안 휴식을 취하거나 어망을 만들어 생산성을 향상시킬 수 있다. 이처럼 여분의 물고기, 즉 수익이 생기면 다른 무언가를 하기 위한 선택을 내릴 수 있다.

간단히 말해 수익이란 살아 있는 것들(인간, 동물, 심지어 비즈니스까지)이 생산과 소비 사이에서 만들어 내는 차이를 나타낸다. 살아 있는 것들은 모두 수익성을 가져야만 생존에 유리하다.

우리는 수익을 내는 시기 동안 잉여 이익을 창출해 그러지 못하는 시기를 살아간다. 하루 8시간을 근무하여 이익을 창출하면, 나머지 16시간을 쉬면서 보낼 수 있게 된다. 부모가 이익을 창출한다면, 자녀들은 돈을 벌 필요 없이 학업을 비롯한 자신의 일에 매진할 수 있다. 만약 농부나 식품제조업자가 이윤을 내지 못한다면 극빈층을 위한 식량 지원 프로그램 같은 것은 시행할 수가 없다. 물론 생산성을 향상시키고 이윤을 내는 것보다 분배를 먼저 주장한 공산주의식 접근법도 있었지만 그것은 실패한 모델이었고 스탈린 치하의 우크라이나에서는 700만 명이 대기근으로 목숨을 잃기까지 했다.

산업혁명과 자본주의의 등장은 잉여 이익을 창출해 부를 확대하는 단순한 메커니즘을 전 세계로 확산시켰다. 기존 자원을 효율적이고 유용한 방식으로 활용하여 이윤을 발생시키고, 이를 통해 부를 창출하는 방식이었다. 경제학자들은 이를 두고 생산성 향상이라는 말을 사용한다. 지난 세기 동안 인간은 생산성 향상을 통해 굉장한 이익을 얻을 수 있었다. 주당 평균 노동 시간이 과거에 비해 확연히 줄었고, 그럼에도 삶의 질은 높아지고 있다. 오늘날 미국인들은 11시간 동안 1950년의 40시간 노동 생산성을 달성하고 있다.

이윤이 모든 문제의 해법이라는 말은 아니다. 상당한 잉여 이익을 창출하고 있는 사회라 하더라도 그밖에 정의, 삶의 행복, 불평등 심화 등 상당히 많은 사항을 고려해야 한다. 그럼에도 전제는 틀리지 않았다. 최우선 고려사항이 늘 이윤이라는 점이다. 파이를 어떻게 분배할지 따지기 전에 먼저 파이를 구워야만 한다. 부를 창출하는 것이 좋은 일임을 확인했다면, 이제 파이를 굽는 최선의 방법에 대해 이야기할 때다.

▍부에 이르는 재정적 로드맵

노동자 계층의 홀어머니 밑에서 자란 엠제이 드마코(MJ Demarco)는 부자가 되는 꿈을 꾸었다. 그를 슈퍼스타덤에 오르게 한 것은 타고난 신체 조건도 아니고 특별한 재능도 아니었다. 서른이 되기까지 그는 오늘날 여느 사람들이 겪는 승진의 사다리를 느릿느릿 올라가는 일 외에 부자가 되는 길을 찾지 못했다.

드마코는 10대 시절 시카고 교외에서 아이스크림을 사러 나갔다가 목격한 일을 회상한다. 아이스크림 가게로 걸어가던 그는 밖에 세워져 있는 람보르기니 쿤타치에 눈길을 빼앗기게 된다. 어린 그의 마음속에서 최고의 성공과 지위를 상징하는 차였다. 그런데 차로 걸어가는 사람은 나이 든 기업체 고위 인사가 아니라 20대 후반이나 30대 초반으로 보이는 젊은 사람이었다. 저렇게 젊은 나이에 어떻게 저런 차를 몰지? 기회를 잡은 그는 자연스럽게 차에 오르는 젊은 차주 앞에 멈춰 섰다.

"무슨 일을 하시나요?"

그러자 그가 잠시 멈춰 서더니 드마코를 향해 고개를 돌리고는 이렇게 대답했다.

"발명가입니다."

우연히 충격적인 사건을 겪은 드마코는 그때부터 젊은 나이에 부자가 된 사람들을 찾아보고 그들이 어떻게 성공에 이르렀는지 깊이 연구했다. 그로부터 십수 년이 지나 자신이 설립한 회사를 매각하고 람보르기니를 산 그는 저서 『부의 추월차선 *The Millionaire Fastlane*』을 출간하기에 이르렀다. 이 책에서 그는 부에 이르는 주요한 재정적 로드맵을 다음과 같이 두 유형으로 분류해 제시한다.

1. 부의 서행차선 - 직업: 우리 사회에서 자란 사람들 대부분이 가는 경로
2. 부의 추월차선 - 창업: 대부분의 사람들이 보지 못하는 경로, 더 쉽고 안전하고 수익성 있는 길

▌직업으로는 시장에 대응할 통제력을 가질 수 없다

부의 서행차선은 '천천히 부자가 된다'는 개념을 상징적으로 나타낸 말로, 오늘날 재정적인 문제에서 책임 있는 자리에 있는 사람들이 대부분 원칙으로 내세우는 것이다. 서서히 부자가 되는 방법은 잘 알려져 있다. 안정된 직장을 찾고, 빚을 갚고, 수익의 10퍼센트를 주식에 투자하고, 이자가 불어나는 것을 지켜보라는 말이다.

부의 서행차선을 타는 사람들은 한 직업 또는 여러 직업에서 일주일에 60시간을 일하며 향후 40년을 준비하는 것이 부자가 되는 길이라고 믿는다. 또한 자산관리사들은 대개 수익의 일정 부분을 금융상품 등 시장에 투자한 뒤 시간이 지남에 따라 복리이자가 발생하는 과정을 표와 차트로 보여 주곤 한다. 그들이 말하는 부자가 되는 공식은 다음과 같다.

부 = 직업 + 시장에 대한 투자 = 당신의 내재가치 + 복리이자

직업이라는 당신의 내재가치를 이해하기 위해 알아야 할 가장 중요한 점은 이것이다. 바로 직업은 근본적으로 시간과 연관된다는 점이다. 연간 50만 달러의 소득을 올리든 시간당 8달러의 임금을 받든, 직장에서 수익을 올리는 능력은 시간에 얽매여 있다. 이것은 굉장히 본질적인 문제다. 시간은 한정된 자원이기 때문이다. 산업혁명 이후 증명되었듯이 우리는 더 많은 돈과 더 많은 부를 창출할 수 있지만,

더 많은 시간을 만들어 낼 능력을 가지고 있지는 않다. 게다가 수익을 늘릴 수 있는 방법이 오직 시간을 투자하는 것밖에는 없다면, 단순히 더 많이 일하는 것 외에는 수익 확대를 가속화할 방법이 없다. 다시 말해 소득이 시간과 연관되어 있는 한, 어마어마한 갑부가 되어 돈 방석에 앉길 원하든, 남부러울 것 없는 라이프스타일을 누리고 취미생활을 즐길 만큼의 돈을 벌려 하든, 아이들을 양육하면서 해외여행을 다닐 수 있을 만큼의 소득을 원하든 하나같이 여간 어려운 일이 아니게 된다.

우리가 점점 더 간과하고 있는 점은 이것이다. 바로 우리가 통제력을 포기하고 있다는 사실이다. 직업이라는 관점을 넘어서면 아무런 결정도 내리지 못하고 있는 것이다. 당신의 직업이 기자라고 가정해 보자. 당신은 저널이 업계의 주류를 이루는 한 도시에서 『크로니클Chronicle』지의 기자로 일하고 있다. 전통적인 인쇄 매체는 다른 회사에 통합되고 있으며, 수많은 신문사들이 폐업하고 있는 상황이라 당신이 얼마나 유능한 기자인지는 중요하지 않다. 당신은 곧 직장을 잃을 것이고, 신문사는 파산할 것이다. 통제력을 잃게 되는 것이다. 물론 다른 신문사에서 자리를 구할 수 있을지도 모르지만, 중요한 것은 온라인 출판으로 인해 종이 신문사들이 계속해서 문을 닫고 있다는 점이다. 이런 상황에서 앞으로 5년 동안 무슨 일이 일어날까? 이제 당신은 통제력을 잃거나 제한받는 악순환에 갇히게 된다.

오늘날 '직업'이 처한 현실이 이러한데도 많은 사람들은 이를 제대로 보지 못하고 있다. 점점 더 많은 것들이 만들어지고 임금이 올라가던 시절에는 일자리가 안정적이었다. 20세기 대부분 기간 동안 그러했다. 그러나 대략 1980년 이래 사정이 달라졌고, 2000년 이후 인구 성장이 고용 성장을 2.4배 비율로 앞지르면서 확실히 일자리가 불안정해졌다.

예전에 이름만 들어도 알 법한 명문 로스쿨에 다니는 20대 중반의 남성과 이야기를 나눈 적이 있다. 그는 뉴욕에서 알아주는 로펌으로부터 입사 제의를 받은 참이었다. 로스쿨 졸업생들이 흔히 기대할 만한 좋은 결과였다. 그런데 그가 이런 이야기를 해 주었다. 로스쿨을 나온 사람들은 보통 3년에서 7년 정도 로펌에서 일하는데, 그 동안 일주일에 80~100시간 일하면서 빚을 갚는다는 것이다. 그 기간이 끝날 때쯤 동업자를 구하거나 일과 삶의 균형을 더 잘 맞출 수 있는 회사로 옮긴다고 한다. 이는 대체로 안정되고 이익이 되는 선택으로 여겨진다. 그는 분명히 그렇게 생각했다. 그의 부모님 역시 마찬가지였다. 그런데 그가 입사하기로 한 회사에서 같은 세대 로스쿨 졸업생들 모두와 함께 일할 수 없게 되었다고 통보해 왔다. 입사 시점에 금융 위기가 닥쳤기 때문이다. 통제할 수 없는 외부 요인들이 생겼을 때, 그들은 스스로를 최악의 상황으로부터 방어할 능력이 없었다.

직업을 얻는다는 것은 그런 것이다. 그렇기에 드마코는 『부의 추월차선』에서 이렇게 일갈했다. "직업은 본래 영향력과 통제력이 제한되기 때문에 망할 놈의 것이다. 물론 훌륭한 직업을 가질 수는 있다.(또한 재미있는 직업을 가질 수도 있다!) 하지만 부의 관점에서 볼 때, 직업을 갖는다는 것은 영향력과 통제력이 제한된다는 것을 의미한다. 그리고 이 두 요소는 부유해지고자 하는 사람에게 절실히 필요한 것이다."[47]

직업은 돈이 시간에 매여 있어 내재가치를 끌어올리는 데 한계가 있다. 게다가 통제력마저 포기해야 한다. 우리에게 가장 가치 있는 자산인 시간을 맞바꾸는 것 외에는 아무런 영향력을 행사할 수 없는데, 문제는 시간이라는 게 너무나 한정된 자산이라는 점이다. 그렇기에 우리는 직업의 영역을 넘어서서 시장의 힘에 대응할 통제력을 잃을 수밖에 없게 된다.

▎기하급수적 성장을 가능케 하는 전략 삼각형

창업이라는 부의 추월차선에 내재한 핵심은 이것이다. 끊임없는 직접적 개입 없이도 불어나는 자산을 빠르게 구축하는 데 초점을 맞추는 것이다. 마케팅·시장조사 기업 해리슨 그룹(Harrison Group)에 따르면, 소위 500만장자들(500만 달러의 순자산을 보유한 부자들) 중 소극적 투자에서부터 시작해 지금의 부를 이루었다고 밝힌 사람은 열에 한 명 뿐이었다.[48] 그들은 대개 보유한 목돈을 자산 삼아 사업을 구축함으로써 적극적으로 부를 축적했다.

드마코와 비슷한 경험을 가진 한 사업주와 이야기를 나눈 적이 있다. 그에게 자동차는 인생의 전부였다. 자라면서 자동차 경주 트

랙을 제 집 드나들 듯 하던 그는 어느 날 중대한 깨달음을 얻었다. 평생 자동차 경주를 즐길 수 있는 방법은 창업가가 되는 길밖에 없겠다는 생각이 든 것이다. 자동차 경주에는 돈도 시간도 어마어마하게 들어간다. 금융계 고소득 직종에서 일한다면 돈 걱정을 할 필요는 없겠지만 시간이 없을 것이고, 시간을 넉넉하게 쓸 수 있는 직업이라면 돈이 부족할 것이다. 그렇다면 돈과 시간을 다 가질 수 있는 일은 무엇일까? 바로 창업이다. 창업을 통해 얻을 수 있는 부의 공식은 직업과 확연히 다르다.

부 = 순이익 + 자산 가치
순이익 = 상품 판매량 × 판매 단위당 이익
자산 가치 = 순이익 × 산업승수(해당 업종의 가치)

순이익 개념을 한 번 더 짚고 넘어가자면, 이는 쉽게 말해 제품 생산 비용을 비롯한 모든 지출을 제하고 남은 이익을 의미한다. 그리고 순이익을 늘린다는 것은 통제 가능하고 무제한적인 변수들을 통해 부를 생성해 내는 일이다. 여기서 이해해야 할 가장 본질적인 요소는 무제한적인 성장 가능성이다. 직업에 종사하는 경우 우리의 성장 가능성은 늘 제한된다. 내가 함께 참여했던 포터블 바 회사의 예를 들어 볼까? 이 회사는 18개월 동안, 그러니까 겨우 1년 반 만에 사업을 무려 527퍼센트 성장시켰다.

내가 아는 직장인들 대부분은 연간 3퍼센트 정도의 임금상승률에 안도하곤 한다. 반면 내가 함께하며 이야기를 나누는 창업가들, 업체들, 또 자금을 자체적으로 조달하는 스타트업 기업들은 연간 20퍼센트의 사업 성장률에 실망감을 드러낸다. 그들은 자신이 무제한적인 통제력과 변수를 가졌다는 것을 알기에 그 정도에 만족하지 않고 오히려 기하급수적 성장이 가능하다 믿는 것이다.

　마케팅 전문가이자 작가인 페리 마셜(Perry Marshall)의 '트래픽 – 경제성 – 전환 삼각형(Traffic, Economics, Conversion triangle)'을 이용하면 좀 더 쉽게 이해할 수 있다. 세 요소들 중 어떤 것이라도 증가시킴으로써 우리는 사업에서 창출되는 수익의 양을 증대시킬 수 있다.[49]

전략 삼각형(The Tactical Triangle)

A. 트래픽－트래픽을 증가시켜 판매량을 늘려라.
B. 경제성－판매 단위당 이익을 증가시켜라.
C. 전환－사용자 전환율을 증가시켜 판매량을 늘려라.

위 변수들 중 어느 것이라도 증가시키면, 사업에서 창출되는 순이익의 양이 증가한다. 앞서 언급했던 포터블 바 회사의 경우, 18개월 동안 구글 애드워즈 유료 광고와 콘텐츠 마케팅으로 웹사이트 트래픽을 289퍼센트나 증가시켰다. 또한 이메일 마케팅과 리타게팅(retargeting) 같은 전략을 통해 사용자 전환율을 개선함으로써 방문객당 가치를 두 배 늘릴 수 있었다. 그다음에는 이익률이 개선된 신제품 라인을 설계해 판매함으로써 경제성을 높였다.

수익성 높은 신제품을 이용할 수 있게 하면, 방문객의 구매 가능성이 커진다. 또한 제품 라인이 확대됨에 따라 방문객이 찾는 상품을 보유하게 될 가능성도 커진다. 방문객당 가치가 증가하는 것이다. 이어 신제품의 마진이 높아지면서 순수익도 늘어나는 결과가 돌아오며, 그 결과 자금이 증가해 재투자는 물론이고 트래픽과 전환율을 증가시키거나 신제품을 디자인할 기회도 늘어난다. 트래픽과 전환율의 증가는 입소문 마케팅의 확대로 이어진다. 고객이 늘어난다는 것은 시장에서 제품에 관한 이야기가 자주 오고간다는 의미이기 때문이다. 요컨대, 고객으로 전환하는 사람이 증가할수록 제품에 대해 언급하는 이들이 많아지므로 입소문 마케팅 효과가 극대화된다는 것이다.

최종 결과는 이 모든 요인들이 전적으로 당신의 통제력 아래에서 복합적으로 작용해 나타난다. 사이트에 방문하는 사람들이 늘어나고, 그들의 구매율이 높아진다. 고객으로 전환된 사람들은 대체로 점점 더 비싼 품목을 구매한다. 여러 변수들 중 어느 하나가 상승세를 타면 사업의 순수익이 올라가는데, 만약 모든 변수가 상승세를 탄다면 급격한 성장이 이루어진다.

중요한 점은 직업에 종사하는 경우와 달리 이 과정에는 상한선이 없다는 것이다. 한 업종에 투자해 해당 시장의 수요를 완전히 활용하는 사이 추가 자원을 획득하여 또 다른 업종에 투자할 수 있다. 롭 월링 같은 창업가들이 점점 더 나은 사업으로 단계를 밟아 나갔던 것처럼 말이다.

창업가들은 흔히 실적을 발표함으로써 사업의 성장세를 보여 주려 한다. 예를 들어 2012년 WP 커브를 설립한 댄 노리스와 알렉스 맥클래퍼티(Alex McClafferty)는 76만8000달러의 실적을 기록했다. 90만 팟캐스트 이용자를 보유한 존 리 뒤마(John Lee Dumas)는 2010년에만 해도 사업을 전혀 하지 않고 있었지만, 2013년 10월에는 월매출 10만 달러, 2015년 2월에는 월매출 43만3000달러를 넘게 달성했다. 조엘 개스코인(Joel Gascoigne)이 창업한 소셜 미디어 계정 관리 서비스 버퍼(Buffer)는 2013년 9월부터 2014년 8월까지 월매출을 13만 달러 미만에서 30만 달러 이상으로 성장시켰다. 온라인 고객 지원 서비스를 제공하는 소프트웨어 그루브 HQ(Groove HQ)는 1년이 채 안 되는 기간 동안 3만5000달러의 월매출을 7만5000달러 이상으로 성장시켰다.

앞에서 소개한 기업들을 최고의 성공 사례로 삼을 수 있을까? 물론이다. 성장세가 더딘 기업들은 부진한 실적을 널리 알리지 않는다. 그럼에도 알아 두어야 할 점이 있다. 성장세가 느리더라도 개선할 수 있다는 것이다. 심지어는 최고의 기업으로 거듭날 수도 있다. 하지만 직장에, 직업에 종사했을 때는 절대 불가능한 일이다. 당신이 창업가정신에 더욱 많은 투자를 하고, 더 나은 창업가가 되어 갈수록 한계 없는 성장을 이루는 일이 점점 더 쉬워진다. 당신이 창업가정신으로 무장한 채 구축해 가는 능력 덕분에, 처음으로 창업한 회사가 대단한 실적을 올리지 못한다 해도 한 단계 한 단계 점점 더 의미 있는 성장을 기록하게 된다.

▌현금에 만족하지 말고 가치 있는 자산을 구축하라

사업을 통해 형성되는 수익은 몇 배씩 증간한다. 직업에서 당신의 소득은 그저 현금에 불과하지만, 사업체의 순수익은 당신의 사업이 지닌 가치를 실질적인 수치로 드러내는 하나의 자산이다. 따라서 배수 성장의 양상이 업종마다 다르고 모든 사업체가 매각될 수 있는 것은 아니지만, 자산으로서 가치가 있는 사업은 사업주가 결정하기만 하면 언제든 매각 가능하도록 설계할 수 있다.

만약 당신의 사업이 보수적으로 잡아 2배수 성장(대부분의 사업은 이보다 더 큰 가치를 지니고 있다)을 하고 있다면, 이는 해당 사업이 산출하고 있는 순수익보다 2배 많은 가치를 지니고 있다는 뜻이 된다. 당신이 어떤 직업에 종사하면서 5만 달러의 추가 소득을 얻었다고 가정해 보자. 꽤 구미가 당기는 이야기인가? 물론 5만 달러를 가지고 많은 일을 할 수 있다. 그렇다면 이번에는 사업을 하고 있다고 가정해 보자. 당신이 소유한 사업체는 5만 달러의 수익을 추가로 창출하고 있다. 이 경우 당신은 5만 달러를 소득으로 챙길 수 있을 뿐 아니라 2배수 성장을 하고 있기에 순자산을 증가시켜 사업의 자산 가치를 10만 달러로 만들 수 있다. 다시 말해 직장에서와 달리, 사업체의 순익에 5만 달러를 더해 당신이 소유한 자산의 가치를 증가시키게 되는 것이다.

이제 당신이 5만 달러의 연봉을 받고 10만 달러를 덤으로 얻는다고 상상해 보라. 창업가가 사업에서 5만 달러의 순이익을 더할 때 실제로 그와 같은 일이 일어난다. 창업기업은 이와 같은 방식으로 몇 배수 성장을 끌어내어 다른 기업에게 인수되기도 한다. 불합리해 보일 수도 있겠지만, 꾸준히 증가하고 있는 일이다. 민트닷컴(Mint. com), 왓츠앱(WhatsApp), 오큘러스 리프트(Oculus Rift) 등 다른 기업에 인수된 창업기업들의 가치 평가액은 전통적인 기업들보다 훨씬 높았는데, 이들이 전략적으로 인수할 만한 가치를 지녔다고 판단되었기 때문이다. 페이스북은 창립한 지 2년도 안 된 오큘러스 리프트를 20억 달러에 인수했고, 왓츠앱은 연매출의 2000배인 218억 달러에 인수했다. 한편 인튜이트(Intuit)는 재무관리 서비스 제공업체인 민트닷컴을 1억7000만 달러에 인수했다. 민트닷컴이 창립된 지 불과 2년 만의 일이다.

물론 이런 업체들은 독특한 사업 모델과 경영 방식으로 엄청난 성장세를 이어 간 예외적인 경우다. 하지만 이와 비슷한 방식의 '소규모' 매각도 계속해서 이루어지고 있다. 1만 달러에서 100만 달러의 소규모 기업들을 매각하는 비즈니스 브로커들을 수없이 만나 대화해 봤는데, 그들은 하나같이 성장 중인 소규모 기업을 인수하려는 수요를 따라잡기가 어려울 정도라고 말했다. 인수를 원하는 기업이 넘쳐나 사업을 매각하려는 사람들을 필사적으로 찾아다녀야 한다는 것이다.

이 모든 현상은 우리가 목격해 왔던 상황과 맥을 같이한다. 창업가정신은 여전히 희소한 자원인데, 돈과 자본을 갖춘 기업가들이 이러한 현실을 인식하면서 자신의 직원들보다는 창업가들과 그들이 창조한 것에 투자를 확대하려 하는 것이다.

얼마 전 대화를 나눌 기회가 있었던 창업가 로라는 사업을 운영한 지 거의 10년이 다 되어 가고 있었다. 사업은 현재 50~60만 달러의 이익을 창출하고 있으며, 창업 이래 연간 50퍼센트의 성장세를 이어 가고 있었다. 로라가 사업을 운영하는 데 들이는 시간은 매주 10시간 정도다. 당신은 자신의 직업에서 10년 동안 종사한 사람들 중 매주 10시간만 일하고, 60만 달러를 벌어들이며, 자신의 일을 누군가에게 팔 경우 100만 달러에 이르는 자산 가치를 가지고 있는 사람을 얼마나 알고 있는가?

적은 비용으로 손쉽고 안전하게 창업을 할 수 있는 시대가 되었다. 당신이 통제하는 변수들을 활용하여 사업을 성장시킬 때, 무제한의 레버리지를 획득하여 부를 확대시킬 수 있을 뿐 아니라 언제든 더 큰 목표를 위해 사업을 매각할 수 있는 자산을 구축할 수 있다. 그리고 이 과정에서 당신은 결코 내리막길을 걷지 않아도 될 창업가적 능력을 획득하게 된다.

뛰어난 투자 솜씨로 주목받는 비크셔 해서웨이의 워런 버핏과 찰스 멍거는 복리의 마법 같은 효과에 대해 자주 이야기한다. 비교적 낮은 비율의 복리로 장기간에 걸쳐 가치를 눈덩이처럼 불리는 효과가 있다는 말이다. 일찍이 복리의 중요성을 간파한 두 투자가는 투자자로서의 삶을 살아오면서 버크셔 해서웨이에 수십억 달러를 벌어 주었다.

버핏과 멍거 같은 귀재들에게서 배울 게 한두 가지가 아니겠지만, 무엇보다도 그들의 생각 속으로 들어가 볼 필요가 있다. 소위 '유동

두 배로 불어나는 돈			단위: 달러
연령	**액수**	**연령**	**액수**
Age 21	.01	Age 41	10,485.76
Age 22	.02	Age 42	20,971.52
Age 23	.04	Age 43	41,943.04
Age 24	.08	Age 44	83,886.08
Age 25	.16	Age 45	167,772.16
Age 26	.32	Age 46	335,544.32
Age 27	.64	Age 47	671,088.64
Age 28	1.28	Age 48	1,342,177.28
Age 29	2.56	Age 49	2,684,354.56
Age 30	5.12	Age 50	5,368,709.12
Age 31	10.24	Age 51	10,737,418.24
Age 32	20.48	Age 52	21,474,836.48
Age 33	40.96	Age 53	42,949,672.96
Age 34	81.92	Age 54	85,899,345.92
Age 35	163.84	Age 55	171,798,691.84
Age 36	327.68	Age 56	343,597,383.68
Age 37	655.36	Age 57	687,194,767.36
Age 38	1,310.72	Age 58	1,374,389,534.72
Age 39	2,621.44	Age 59	2,748,779,069.44
Age 40	5,242.88	Age 60	5,497,558,138.88

30년을 건너뛰고 여기서 시작할 수 있을까?

자금(float)'의 복리 효과가 엄청나서 수십억 달러 자산으로 불릴 수 있다는 것이다. 이를테면, 자산 1000만 달러를 보유하고 있고 그것을 5퍼센트의 이율로 대출해 주면 매달 4만1666달러의 소극적 소득(passive income, 적극적으로 일해서 형성되는 것이 아니라 자신이 보유한 자산으로부터 발생하는 수익—옮긴이)을 얻을 수 있을 것이다. 아무 일도 안 하고 가만히 앉아 있어도 돈이 들어온다는 말이다.

창업기업의 경우에는 어떨까? 단지 2배수 성장하는 데 그치는 게 아니라 엄청난 복리 효과를 거둘 수 있다. 앞서 언급했던 것처럼 자산 가치를 늘려 몇 백만 달러에 매각할 수도 있다. 부의 추월차선과 서행차선의 이면에 존재하는 수리와 논리는 옳은 것으로 판명되어 왔고, 인터넷의 발달과 경제적 패러다임의 변화는 창업가정신을 구현할 경로를 쉽게 만들었을 뿐 아니라 거기서 얻을 수 있는 잠재적 이익을 극적으로 높여 주고 있다. 이런데도 당신은 계속 직업이라는 부의 서행차선에 머물러 있을 것인가.

▌긍정적인 기댓값을 체계적으로 쫓아가라

비정상적이라고 할 만큼 많은 포커 플레이어들이 창업가가 된다. 이제는 그 이유를 알겠는데, 바로 그들은 수학적 원리를 터득했기 때문이다. 현대 사회에서 시스템과 확률이 작동하는 방식에 관해 말하자면, 우리의 직감은 조금도 과장하지 않고 말해 빈약한 자원에 지나지 않는다. 비전문가들이 포커를 운에 맡기는 게임이라고 생각하는 것과 마찬가지로 창업을 경험해 보지 않은 사람들은 성공한 창업 사례를 보며 단지 운이 좋아서 잘된 일이라고 생각한다. 그들은 사업을 번창시키는 사람을 보며 복을 받아 '하룻밤만의 성공'을 거두었다고 여긴다. 창업가들이 수년 또는 수십 년 동안 치열하게 일하고, 기술을 습득하고, 인간관계를 형성해 온 과정을 이해하지 못하는 것이다.

또한 그들은 대체로 '기댓값(expected value)'이라는 단순하지만 강력한 개념을 접하지 못했다. 전문 포커 플레이어들은 게임에서 놀랍도록 일관되게 이득을 본다. 비전문가들의 관점에서는 무작위로 보일지 모르지만 전문가의 각도에서는 꽤 예측이 쉬운 일이기 때문이다. 포커 플레이어들은 흔히 수천 달러를 잃기도 하지만, 자신들의 게임 운영방식에 만족해한다. 그들은 확률에 따라 베팅할 줄 아는 사람들이다.

당신이 포커 게임에서 마지막 남은 카드 한 장을 활용해야 하는 상황에 놓였다고 상상해 보자. 그 카드를 보는 데 1000달러를 걸어야 하며, 당신은 그 카드가 지금 당신에게 필요한 카드일 확률, 그래서 2만 달러를 획득할 확률이 20퍼센트라는 것을 알고 있다. 다시 말해 1000달러를 걸면 2만 달러를 획득할 수 있는 20퍼센트의 가능성을 얻게 된다. 즉, 4000달러라는 기댓값(20%×20,000=4,000)을 얻기 위해 1000달러를 거는 셈이다.

그것이 당신에게 필요한 카드가 아니라면 유감스러운 일이다. 그렇다고 해서 당신이 원하는 방식대로 베팅해서는 안 된다는 의미가 아니다. 100번이나 동일한 상황에 직면하고 매번 같은 방식으로 베팅을 한다면, 확실히 투자를 할 것이다. 상당수의 사례가 생기면 결국에는 이익을 보게 될 것이 거의 확실하다. 4000달러를 얻기 위해 1000달러를 거는 것은 그리 어려운 문제가 아니다.

기댓값은 확률변수에 대한 모든 가능한 값의 합계, 즉 확률변수의 개별 값에 발생 확률을 곱하여 더한 것을 말한다. 기댓값은 포커 플레이어들이 베팅 여부를 판단할 때 활용하는 것이기도 하지만, 창업가들이 자신들의 사업에 대한 의사결정을 내릴 때도 쓸 수 있다. 전문 포커 플레이어 출신인 빌리 머피(Billy Murphy)는 창업가가 된 이후 쓴 에세이 『기댓값: 백만장자의 수학Expected Value: Millionaire's Math』에서 장래의 창업가가 직면할지 모르는 상황에 대해 설명한다.

3만 달러를 모은 상황에서 새로 직장을 얻을지 사업체를 열지 고민하고 있다고 가정해 보자. 대부분의 사람들은 이런 문제에 직면했을 때 다음과 같은 방식으로 접근한다. "직장에 다니면 매년 5만 달러를 벌 수 있어. 사업을 시작하면 그보다 많이 벌게 될 가능성도 있지만, 한편으로 위험이 따르지." 예상되는 결과를 구체적으로 산출하지 않았기 때문에 어리석은 결론에 도달한 것이다.

이를 수치화하면 다른 결론에 도달할 수도 있다. 당장 직장을 얻으면 5만 달러를 벌 수 있다. 하지만 사업을 시작할 경우, 선택하는 업계의 평균 추정 수익에 자산의 부가가치를 합산하면 이를 훨씬 웃도는 기댓값을 산정할 수도 있다는 것이다. 만약 처음에 사업이 생각보다 잘 굴러가지 않는다 하더라도 본래 가지고 있던 3만 달러의 자산으로 버텨 나갈 수도 있다. 그러다 수익이 생기면 더 많은 시간과 기회를 얻을 수 있을 것이다. 최악의 경우 본래 생각했던 기댓값을 실현하지 못한 채 사업을 접어야 한다 하더라도 언제든 직장으로 돌아갈 수 있다. 이력서에 기록할 값지고 새로운 능력을 획득한 상태일 것이기 때문이다. 개별 기회가 꼭 성공으로 이어진다는 보장은 없다. 하지만 긍정적인 기댓값을 가지고 있는 기회를 체계적으로 쫓아간다면 시간이 거듭될수록 성공을 거두게 될 가능성은 더욱 커진다.[50]

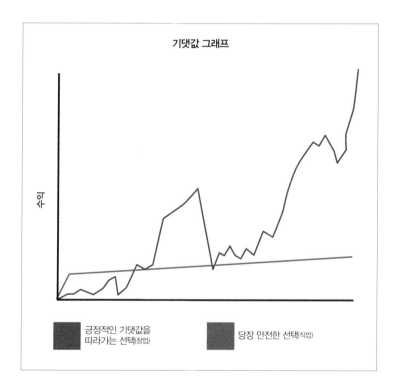

앞의 그래프에서 긍정적인 기댓값을 따라가는 선택이 단 하나의, 단 한 번의 사업을 의미하는 것은 아니다. 이 책에서 사례로 나온 창업가들이 그랬듯, 기회를 찾아 체계적으로 그 길을 따라가는 것이다. 그 과정에서, 그래프에서 보듯 급격한 하락과 실패를 겪을 수도 있다. 하지만 궁극적으로는 성공을 거둘 확률이 커진다.

인기 풍자만화 〈딜버트*Dilbert*〉의 작가 스콧 애덤스(Scott Adams)는 과거 수십 차례 사업에 실패한 경험을 언급하곤 한다. 그 과정 끝에서 애덤스는 전 세계적으로 가장 폭넓게 연재되는 만화 〈딜버트〉를 얻게 되었고, 이 만화는 그에게 7500만 달러 이상의 가치를 안겨 주었다. 숱한 창업의 실패를 〈딜버트〉의 성공으로 충분히 보상받은 것이다. 댄 노리스 역시 2014년까지는 사업을 벌이는 족족 실패를 맛봤지만, WP 커브 설립 이후 성공가도를 달리며 그간의 실패를 만회하고도 남을 더 큰 이익을 실현했다.

오늘날 인터넷과 IT 기술의 발달로 상품 생산과 유통의 대중화가 이루어졌기에 각각의 기회에 고액의 자본이나 오랜 시간을 투자하지 않아도 되게 되었다. 이를테면, 사업을 하겠다고 굳이 시내 중심가에 상점을 차리거나 수천 달러의 임대차 계약을 체결하지 않아도 된다. 또한 광고 매체에 수천 달러를 지불해 가며 마케팅을 하지 않아도 된다. 블로그에 광고를 게재해도 충분히 수익을 창출할 수 있으며, 웹사이트를 구축한다 하더라도 수백 달러면 가능하다. 덕분에 일주일이면 사업을 시작할 수 있는 시대가 되었다.

한편으로, 우리는 그간의 성과가 초라해 보일 만큼 엄청난 결과를 기대할 수도 있게 되었다. 이것이 바로 극단의 왕국에서 기대할 수 있는 일이다. 인터넷이 창업가들에게 거대한 잠재적 시장을 노출시키기에 과거 그 어느 때보다 사업의 성장 가능성이 높아졌다.

12

의무가 아닌
선택으로서의 일

내가 방콕에서 열린 기업가 콘퍼런스에서 만났던 댄 앤드루스는 자신을 창업으로 이끈 힘이 '자유'였다고 말했다. "졸업 당시 나를 이끈 주요한 원동력은 자유였습니다. 그때 생각이 떠오르네요. 내가 원하면 언제, 어디라도 가고 싶었고, 가능한 한 많은 돈을 갖고 싶었습니다." 그의 말을 듣고 있자니 나는 문득 '자기 식대로 자기 삶을 살아갈 수 있는 것, 그것만이 유일한 성공'이라고 했던 미국의 저널리스트이자 소설가 크리스토퍼 몰리(Christopher Morley)의 말이 떠올랐다.

시대와 문화가 달라도, 또 성별이 달라도 자유에 대한 갈망은 변하지 않는 보편적 현상이다. 우리는 왜 자유를 원할까? 그 답은 명확하지 않다. 분명한 것은 모든 개인이 자신의 삶에서 더 큰 자유를 얻기 위해 싸운다는 점이다. 우리는 하나의 종이자 개인으로서 늘

자유를 원한다. 그리고 한 번 자유를 얻고 나면 늘 더 많은 자유를
누리려 한다.

▌중요한 것은 더 많은 급여가 아니라 더 많은 기회다

산업혁명 이후 200여 년 동안 전 세계에서 가용한 부의 양이 급격
히 증가했다. 전 세계 인구가 9억7800만 명에서 70억 명 이상으로
늘어나는 동안 서구 민주주의 국가들의 1인당 GDP는 300달러에서
2만 달러 이상으로 증가했다.

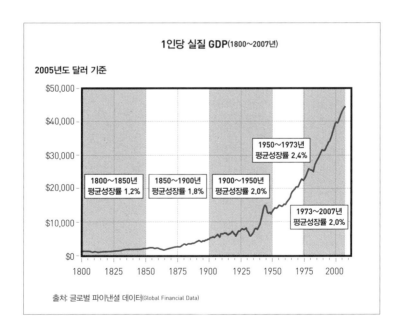

우리는 개인적 수준에서든 사회적 수준에서든 점점 더 많은 자원에 접근할 수 있게 되었다. 따라서 그것으로 무엇을 해야 할지 선택해야만 한다. 분명한 것은 우리가 그와 같은 자원을 할당하는 방식이 자유를 한껏 표출하는 방향으로 이루어지고 있다는 점이다. 막대한 소득 감소를 감수하고 탄력 근무를 하거나 장소에 구애받지 않고 일하는 사람들이 늘어나고 있는 것도 그런 까닭이다. 돈을 더 벌 것인가 자유를 더 누릴 것인가 하는 선택의 상황에 직면하면, 그들은 대부분 자유를 선택한다.

과거 소규모 창업기업에서 2년을 일하며 보낼 때였다. 당시 나는 임금을 50퍼센트나 삭감당했고, 프로젝트 관리직에서 강등되어 지루하고 고된 일을 맡게 되었다. 상사에게 회사를 떠나겠다고 하자 그는 다음 날 다시 찾아와 인금 인상을 포함해 수정 제안할 것이 있다고 말했다. 하지만 나는 내가 선택한 길을 그대로 갔다. 회사 구조상 그는 내가 원하는 두 가지를 제공해 줄 수 없었다. 나는 일에서 자유와 의미를 찾고 싶었다. 언제든 여행을 떠날 자유를 얻고 싶었다. 내가 원할 때 원하는 곳에서 일하고 싶었다. 내 최고의 능력을 활용해 최상의 성과를 얻고 싶었다.

이후 내가 들어간 회사는 출판 사업을 운영하는 업체였다. 회사는 내내 한 길만 가다가 지금은 세계 각지에서 콘퍼런스와 모임을 주최하고 있다. 당시는 2년 동안 회사의 블로그 글을 읽고 팟캐스트를 구독한 뒤였다. 어떻게 운영되고 있는 회사인지, 그들이 성취하고자 하는 목표가 무엇인지 알 수 있었다. 우리의 삶, 우리가 사랑하는 사람들의 삶에서 더 많은 자유와 부를 창출하는 사업을 구축해야 한다는 것이었다. 이 가치는 그들의 사업 운영방식에 그대로 드러났다. 초과 이윤을 회사에 재투자함으로써 그들과 팀원들과 고객들의 삶에서 자유와 부가 확대되게 한 것이다.

이스케이프더시티(Escape The City)는 기업 출신 세 사람이 설립한 일자리 소개 업체인데 주로 기업이나 법률 업계에서 성공을 거둔 고객들을 주 타깃으로 삼고 있다. 나는 이곳에서 교육 수준이 높고 부유한 사람들이 새로운 일자리를 찾기 위해 문을 두드리는 사례를 수없이 목격했다. 그들은 저마다 여섯 자릿수 급여를 포기하고 기회를 찾기 위해 이곳에 찾아왔다. 터무니없는 보수를 감내하며 처음부터 다시 시작해야 하지만, 자신의 일에서 더 많은 자유와 의미를 얻기 위해서였다.

▍자유를 확대하고자 하는 열망

서구에서 점점 더 많은 부가 창출됨에 따라, 사람들은 점점 더 자유로운 형태로 부를 형성할 수 있게 되기를 원했다. 원격 근무도 그러한 흐름이 구체화된 것일 텐데, 사실 이렇게 자유를 추구하는 경향이 최근 처음으로 나타난 것은 아니다.

역사적으로도 자유는 끊임없이 증가해 왔다. 마르틴 루터(Martin Luther)가 종교개혁을 일으킨 이래, 기독교인들은 가톨릭교회 시절에 비해 상당히 많은 자유를 누리게 되었다. 성서 해석의 자유를 특정 계층이 독점하는 게 아니라 개개인들이 널리 나누어 가지게 된 것이다. 또 미국 건국의 아버지들(제퍼슨, 프랭클린, 워싱턴)은 미국 혁명의 선두에 서서 현대 서구에서는 최초로 공화 정부를 수립했다. 이로써 개인들이 억압받던 입헌군주제 시대와 달리 많은 사람들에게 더 많은 자유가 주어졌다. 그리고 역사책에서 언급하지 않은 채 조용히 넘어가는 부분이 있다. 바로 20세기가 인류 역사상 자유가 폭발적으로 늘어난 시대였다는 점이다. 20세기 자유민주주의 시대에 현대적 중산층이 출현하면서 모든 역사를 통틀어 그 어느 때보다 더 많은 사람들이 더 많은 자유를 획득하게 되었다.

건국의 아버지들은 군주와 의회가 가졌던 권력을 부유한 백인 지주들에게 분배했다. 수백 명에서 수천 명에게 권력이 배분된 셈이었다. 이는 당시에만 해도 혁명적인 일이었다. 이로써 다음 세기에 걸쳐 민주 혁명의 물결이 촉발, 고취되었다. 오늘날 서구의 일반 중산층이 누리는 자유는 18세기까지 갈 필요도 없이 19세기에 살았던 누군가가 터무니없는 상상력을 발휘하더라도 이해할 수 없을 정도의 수준에 와 있다.

▍록펠러보다 더 자유로운 삶

베이비부머 세대는 지식경제를 창출함으로써 그들의 부모 세대가 상상할 수 없을 정도로 많은 자유와 재량소득(discretionary income)을 얻었다. 그들이 직장에서 고민했던 것은 문제 해결과 창의적 사고였다. 100년 전에 살았던 대다수의 공장 및 농업 노동자들과 달리, 지금의 중산층 대부분은 대량생산 체제에서 톱니바퀴로 살아가는 일보다 더 많은 관심과 흥미를 촉발시키는 지식경제에 참여하고 있다. 가정에서는 어떨까? 사람들은 집에서 자유로이 취미생활을 즐기고 여가시간을 누린다. 또한 19세기 말 80시간에 가까웠던 주당 노동시간은 20세기 중반 40시간가량으로 줄어들어 계속 그 수준에 머물고 있다.

오늘날 서구의 자유민주주의 체제에서 활동하는 일반 중산층 근로자들은 100년 전 존 록펠러가 세계 10대 부호에 들었던 시절에 비해 자신의 시간과 에너지를 활용하는 데 있어 훨씬 더 자유로운 삶을 살아가고 있다. 이를테면, 우리 이웃에 사는 30대 중반의 남자는 산업계의 거물 록펠러가 100년 전 누렸던 것보다 훨씬 더 많은 자유를 구가하고 있다. 어쩌면 그는 현대의 통신기술만 가지고도 전성기 시절의 스탠더드 오일(Standard Oil)을 붕괴시킬 수 있을지도 모른다.

우리는 지난 세기 내내 발전시켜 온 인터넷과 정보과학기술 덕분에 록펠러가 상상할 수 없었던 완전히 새로운 차원의 자유를 누리고 있다. 과거 록펠러는 스탠더드 오일의 가치가 상승하는 동안 내부 정보를 활용해 핵심 이익을 챙길 수 있었다. 하지만 오늘날에는 주식 정보 애플리케이션이 설치된 스마트폰 하나로 그러한 내부 정보의 힘을 약화시킬 수 있다. 킨들 같은 전자책 단말기와 스마트폰이 있으면 지식과 정보를 마음껏 접할 수 있는 시대가 된 것이다. 지금의 정보량은 록펠러가 접해 보지 못했을 뿐 아니라 상상조차 할 수 없는 수준이다.

록펠러의 의식에 자리 잡지 않았던 아이디어와 개념들이 지금은 거의 시공간을 초월하여 전달되고 있다. 현대에 들어 서구에서 선불교가 유행한 현상도 정보과학기술 및 인터넷의 부상과 밀접히 연관된다. 록펠러는 작은 국가를 사들일 수 있을 만큼의 재력을 가졌지만 그렇게 이질적인 사상을 접할 기회가 없었다.

록펠러는 평생 미국을 딱 한 번 떠나 봤다. 배에 오르는 건 공식적인 모임에서나 있는 일이었고, 비행기를 탄 것은 인생 후반기에 있었던 일이다. 그런데 지금 우리는 1000달러도 안 되는 돈으로 유럽 항공권을 살 수 있다. 또 록펠러는 고가의 여름 별장과 뉴욕 스탠더드 오일 사무실을 오가려면 여러 날 동안 기차를 타고 움직여야 했다. 우리는 어떤가? 비행기에서 몇 시간만 보내면 예약해 둔 에어비앤비 숙소에 갈 수 있다. 록펠러가 엄청난 비용을 들여 만들었던 자유의 수준을 오늘날에는 수백 달러에 창출할 수 있게 되었다.

록펠러는 자신의 동시대 사람들보다 훨씬 더 많은 자유를 누린 사람이다. 100년 전 그는 스탠더드 오일의 노동자들에 비해 시간적으로나 지리적으로나 전례 없는 자율과 자유를 누렸다. 스탠더오 오일의 노동자들은 대부분 거주 지역을 벗어나 여행하지 못했다. 하물며 다른 나라를 여행하는 것은 꿈에서나 가능한 일이었다. 그런데 현대의 중산층 사람들은 대개 록펠러가 누렸던 자유의 수준을 당연한 것으로 여기고 있다.

마르틴 루터라는 한 사람, 소수 그룹인 미국 건국의 아버지들, 한 사회를 이루는 거대한 집단인 베이비부머 세대 중산층까지 각각의 사례는 단지 집단의 규모뿐 아니라 그들이 누린 자유의 범위가 확대되어 왔음을 상징적으로 보여 준다. 그리고 이처럼 자유의 양을 늘리려는 자연스러운 욕구는 문명의 진보를 앞당기는 주요한 요인 중 하나였다.

▌스스로 일의 설계자가 되라

미국 같은 공화국에서 권력을 가진 사람은 누구일까? 자유를 가장 많이 누리는 사람은 누구일까? 유권자들이라고 답해야 맞는 걸까? 꼭 그렇지는 않다. 실제로 권력을 가진 사람들은 유권자들의 투표용지에 어떤 후보를 등장시킬지 결정하는 사람들이다. 그들은 우리가 고를 옵션을 만들어 낼 수 있다. 그런데 사실 우리는 대통령이나 주지사를 뽑는 선거에서 거의 무한하다고 할 만큼 많은 이념적 결정을 내릴 수 있다. 그런데도 우리는 공화당 대 민주당이라는 전형적인 양자구도에서 벗어나지 못한다. 시민이자 유권자로서 우리가 바라보는 게 그 정도이기 때문이다. 요컨대 우리는 직접 설계하기보다 우리를 위해 설계된 옵션들로부터 고르는 역할을 수행한다. 가능성이 넘쳐나는 세상에서 비교적 극히 일부분에 불과한 것에 모든 관심을 집중하는 것이다. 가장 영향력 있는 사람들이 그밖에 모든 이들의 의식을 구조화하기 때문이다. 군주 시대에 비한다면 공화국 시대의 권력이 훨씬 더 잘 분산되어 있지만, 그렇다고 완전한 자유를 누리고 있는 것은 아닌 셈이다.

우리 세대가 자유를 분배하고 획득하기 위해 싸워 온 방식은 '월가를 점거하라(Occupy Wall Street)' 운동 등 시위 문화에서도 확인할 수 있다. 권력을 가진 사람들이 '공정해지고' '정의로워지길' 바라며 그들에게 호소하는 것이다. 그런데 무엇이 공정하고 정의로운 것인지를 떠나, 우리가 간과하고 있는 사실이 하나 있다. 지금의 우리는 권력을 요구하는 차원이 아니라 기존 구조에서 권력을 빼앗을 더 많은 기회를 갖고 있다는 것이다.

에어비앤비 같은 기업들은 힐튼 같은 기존 호텔 업계의 힘을 얻으려 하지 않는다. 그들은 인터넷과 기술을 활용하여 시장 지배력을 빼앗아 온다. 이와 같은 현상은 보다 적은 규모의 사업에서도 동일하게 일어난다. 우리가 그런 기회를 선택한다면, 그것을 붙잡는다면, 우리가 창출할 수 있는 자유는 상상력의 한계를 넘어서게 된다. 향후 20년 이내에 우리 삶에서 창출할 수 있는 자유가 오늘날을 살아가는 사람들이 상상하는 범위를 벗어나리라는 것은 너무나 분명한 일이다.

이제는 가능한 옵션들 중에서 고르기보다 자기 자신의 것을 만들어 낼 수 있어야 하고, 또 그럴 수 있다. 스스로 설계자가 되라는 것이다. 주어진 메뉴에서 요리를 고를 것인가, 아니면 요리사가 되어 이전 세대의 그 누구보다 더 많은 영향력을 획득할 것인가.

▌설계할 것인가, 설계당할 것인가

자신의 현실이 다른 누군가에 의해 설계되도록 내버려두는 사람들은 최소한의 자유밖에 누릴 수 없다. TV 프로그램을 보다가 광고 시간이 되기 전 '채널 고정'이라는 문구가 뜰 때마다 이를 충실히 따르는 사람들이라고나 할까. 이런 사람들은 일에서도 명확히 규정된 임무와 역할을 할당받는다. 그렇기에 자신의 현실에서 자유를 거의 누리지 못한다.

하지만 지금의 중산층은 자신의 삶을 더 잘 다룰 구조와 더 많은 독립성을 갖추어 왔다. 이들은 대중매체의 노예가 되지 않은 채 보다 의미 있는 삶을 만들어 가는 방식으로 자신의 가족과 삶을 꾸릴 가능성이 높다. 직장에서도 마찬가지다. 주로 난해한 문제를 해결하고 직원들이 해야 할 임무를 규정하는 역할을 할 가능성이 크다.

그럼에도 최대의 영향력을 발휘하는 사람은 자신뿐 아니라 다른 사람들의 실질적 삶을 설계해 나가는 사람들이다. 그런 사람들은 단순히 TV 프로그램을 시청하는 게 아니라 쇼를 기획하고 대중이 소비하는 상품을 설계한다. 바로 창업가정신을 가진 사람들이다. 이

당신은 어디에 있는가		
최소의 자유———————————		———————최대의 자유
산업경제———————————	지식경제	———————창업경제
규정을 따름———————	규정을 따를 사람을 지정함———————	규정을 설계함

　　　　　　　　　　　　　　12 의무가 아닌 선택으로서의 일

들은 자신의 현실을 스스로 규정하지, 주어진 현실에 좌우되지 않는다. "어떻게 해야 하지?" "뭘 해야 하지?"라고 묻기보다 "왜 그럴까?" "왜 안 될까?"라고 물으며 끊임없이 자신의 현실과 대화를 이어 가는 것이다.[51]

자신의 현실을 설계하는 역량은 삶의 질, 자유, 부의 수준과 직접 연관된다. 현실을 설계하는 사람들은 삶의 모든 요소에서 높은 수준의 역량을 발휘한다. 또한 자신의 삶을 설계하는 과정에서 부를 창출해 나가며 다른 사람들이 같은 길을 가도록 이끌 수 있다. 아이폰을 설계한 스티브 잡스가 그런 사람이다. 스티브 잡스와 애플은 우리가 더 많은 영향력과 자유, 부를 창출해 나갈 수 있게 해 주었다. 그리고 이 세 요소는 서로 연속적인 상승효과를 이끌어 내며, 이를 통해 부가 늘어날수록 현실을 설계하는 우리의 역량 또한 강화된다.

▎자유로운 선택에서 놀라운 성취를 이루어 낼 수 있다

자유로운 선택에서 놀라운 성취를 이루어 낼 수 있으며, 자신의 현실을 설계하는 능력에서 더 많은 자유가 창출된다는 점은 변치 않는 사실이다. 그리고 지난 10년 넘게 우리가 경험해 온 변화는 이 두 영역을 과거보다 더욱 손쉽고 안전하게 만들었다.

TropicalMBA 창립자 댄 앤드루스도 선택의 기로에 놓인 적이 있다. 학창 시절 독서광에다 흥미로운 아이디어를 탐구하는 일을 즐겼던 그는 졸업 시즌이 오자 사업계에 발을 들여 놓아야 할지 박사학위를 따서 학계에 진출해야 할지 고민이 됐다. 이런 이야기를 하면 사람들은 대부분 박사학위를 따라고 조언할 것이다.

양쪽 길을 갈 때의 현실을 한 번 들여다보자. 박사학위를 따기까지 최선의 각본은 7년에서 10년의 시간을 투자하는 것이다. 학계는 경쟁이 매우 치열한 곳이기 때문에, 학위를 딴 이후 건실한 대학에서 정년을 보장받은 교수직에 임용된다면 일이 아주 잘 풀린 셈이다. 그런데 간신히 종신직에 임용되더라도 일주일에 20시간은 강의를 하고, 20시간은 학생들의 시험지를 채점하고, 20시간은 학사관리에 써야 한다. 이처럼 일주일에 60시간 일해야 하는 상황에서 평소 좋아하는 책을 실컷 읽는다거나 학계에 진출할 엄두를 내기는 어려울 것이다.

댄은 다른 선택을 내렸다. 현재 주간 팟캐스트를 진행하고 있는 댄은 평소 책에서 찾은 소재를 활용하여 창업가들이 사업을 성장시키도록 지원하고 있다. 그는 자신이 어떤 콘텐츠를 내놓을지 말지를 결정할 때 정치적으로 굴 필요가 없다. 교수가 되었다면 불가능한 일이다. 내부 정치에 구속되지 않고 자신이 원하는 방식으로 원하는 아이디어를 탐구하는 자유를 누리고 있다. 오늘날 일반 중산층들이 100년 전의 록펠러보다 많은 자유를 누리고 있는 것과 별반 다르지 않다. 스스로를 어떤 틀에도 구애받지 않는 기업가라고 믿는 사람들은 종신직 교수보다 더 자유롭게 연구하고 그 과정에서 훨씬 큰 영향력을 발휘한다.

댄이 걸어 온 길과 박사학위를 따면서 걷게 될 전형적인 길의 차이는 무엇일까? 댄은 주어진 옵션에서는 아무것도 고르지 않았다는 것이다. 그는 기회를 창출했으며, 더 나은 레버리지 포인트를 찾았다.[52] 이와 유사한 관점에서 롭 윌링은 사업 운영에 대해 다음과 같이 말했다. "통제력이 매우 강해졌습니다. 어디서 살지 결정할 자유가 있고, 시간을 어떻게 쓸지 선택할 자유가 있죠. 게다가 무엇을 할지, 그것을 언제 할지 결정할 수 있어요. 실제로 제게는 상사가 없기도 하죠. 그리고 수입에서도 어느 정도는 자유를 얻었다고 할 수 있어요. 열심히 일할수록 더 많은 돈을 벌 수 있으니까요."[53]

▌자기결정력을 강화하라

이런 현상은 어디에서 비롯되는 걸까? 자유와 자율이 훨씬 더 많은 자유와 자율로 이어지는 까닭은 무엇일까? 자기결정이론(Self-determination theory)을 제시한 심리학자 에드워드 데시(Edward Deci)는 실험과 관찰을 반복한 끝에 중요한 사실을 발견했다. 사람은 더 많은 자유를 얻을 때, 그리고 어떤 의미에서는 더 많은 창조적 정신이 허용될 때 위대한 성과를 올린다는 것이다.

인류 사회에 위대한 기여를 한 사례를 보면, 그들은 모두 자신이 원하는 것을 자유롭게 해낸 사람들이었다. 자유를 창조적 활동에 쓴 것이다. 위대한 화가 빈센트 반 고흐(Vincent Van Gogh)는 마지못해 그림을 그리지 않았다. 자유롭게 화가의 길을 선택했다. 하지만 그런 그도 한때는 일거리를 찾기 위해 분투해야만 했다. "내게 몇 년 동안 일자리가 없고, 지금도 그런 이유는 꽤 단순하다. 내가 자신들처럼 생각하는 이들에게만 일자리를 주는 사람들과 다른 생각을 갖고 있기 때문이다."

누군가가 스티브 잡스에게 새로운 휴대전화를 개발하라고 지시하는 모습을 상상해 보라. 의무감을 가지고 일에 임했다면, 잡스는 아이폰이라는 위대한 발명품을 개발하기는커녕 블랙베리보다 약간 나은 스마트폰을 개발하는 데 그쳤을 것이다.

위대한 성취, 이를테면 의무적인 결과물이 아니라 자기 자신과 다른 사람들의 삶에서 부를 창출하는 일은 자유에서 비롯된다. 자유는 우리에게 보다 긴 지렛대, 더 나은 레버리지 포인트를 제공한다. 자유를 추구하고 삶에 자율성을 부여함으로써 우리는 부를 확대하고 물질적 풍요를 구가하는 역량을 늘릴 수 있을 뿐 아니라 그 흐름을 전 세계로 확대해 나갈 수 있다.

13

일의 목적과 의미를
이해한다는 것

예전에 친구의 아들을 대신 봐 준 적이 있다. 친구는 남편과 함께 영화를 보러 나갔고 나는 흔쾌히 그녀의 아이를 봐 주겠다고 했다. 하지만 아이 보는 일은 여간 힘든 게 아니었다. 뒤뜰에서 노는데, 어깨가 화끈거리며 쑤셨고, 손의 감각이 거의 느껴지지 않았다. 그보다 얼마 전 선생님들로부터 집중력 장애 진단을 받은 그 아이는 나와 3시간을 함께 보내는 동안 뒤뜰 여기저기를 뛰어다니며 미식축구에 대해 끊임없이 질문을 퍼부어 댔다.

"땅에 손을 댔다가 뛰는 선수들도 있고 가만히 서 있다가 뛰기 시작하는 선수들도 있는데, 왜 그런 거예요?"

"NFL 리시버가 되려면 달리기를 잘해야 하나요, 몸놀림이 빨라야 하나요?"

"왜 많은 팀들이 스프레드 포메이션(spread formation)으로 움직이는 걸 좋아하나요?"

"쿼터백이 인사이드 숄더(inside shoulder)로 던질지 아웃사이드 숄더 (outside shoulder)로 던질지 선수들은 어떻게 아나요?"

3시간에 걸쳐 폭풍 같은 질문을 받으며 놀다 보니 친구 부부가 돌아왔다. 나는 지친 몸을 이끌고 차에 올랐다. 그때까지도 아이는 지칠 줄을 몰랐다. 아이는 미식축구 놀이를 하며 딱 3시간을 보냈다. 그런데 그 과정에서 나는 꽤 깊은 인상을 받았다. 학교에서 집중력 장애라는 평가를 받았다는 말이 무색하게 아이는 한 번도 다른데 관심을 돌리지 않았다. 어떤 순간에도 다른 주제로 넘어가려 하지 않았다.

물론 아이들이 오래 집중하지 못하는 것은 사실이다. 하지만 어쩌면 집중하지 못하는 것이 아니라 하루 8시간을 책상에 앉아 칠판만 쳐다보며 지내다 보니 집중력이 생기지 않은 것일지도 모른다.

▌가치 창출이라는 내적 동기의 힘

심리학자 미하이 칙센트미하이(Mihaly Csikszentmihalyi)는 행복과 개인적 성장에 관한 수십 년간의 연구 끝에 『몰입Flow』이라는 영향력 있는 결과물을 내놓았다. 여기서 그는 행복에 관한 인간적 고민을 풀어 나간다.

그의 설명에 따르면, 행복은 거저 얻는 게 아니다. 행복은 돈으로 살 수 없으며, 엄청난 권력을 가졌다 한들 행복을 가져오라고 명령

할 수 없다. 또한 행복은 외부 환경에 좌우되지 않는다. 우리가 어떻게 해석하느냐에 달려 있다. 행복은 준비하고 일굴 수 있는 하나의 상태이며, 자신의 내적 경험을 통제하여 삶의 질을 결정하는 능력을 의미한다.

우리는 칙센트미하이가 '몰입'이라고 말하는 것을 추구하며 행복을 일구어 나간다. 몰입은 그 본질에서 볼 때 성장하고 확장하려는 인간의 욕망을 궁극적으로 자연스럽게 드러내는 것이다. 몰입은 또한 도전을 극복하기 위해 분투하고 목표를 향해 다가가는 순간이다. 삶에서 가장 행복했던 순간을 이야기해 보라고 하면, 사람들은 흔히 아이를 양육했던 일이나 사업을 구축했던 일 등 도전에 직면했던 순간들을 떠올린다.

선택한 목표를 의식적으로 좇는 사람은 한층 심오하고 복합적인 능력을 가진 개인으로 성장할 수밖에 없다. 역량을 확대하고 한층 더 높은 차원의 도전으로 뻗어 나가기 때문이다. 그러면서 그는 점차 다양한 능력을 쌓고 유능한 개인으로 성장하여 결과적으로 시장에서 가치 있는 인물이 된다.

삶의 순간순간들을 떠올려 보라. 가장 지루하고 힘들었던 순간은 언제인가? 가장 즐겁고 행복했던 순간은 언제인가? 시계만 쳐다보며 시간이 너무 안 간다고 생각했던 순간은 언제인가? 일에 너무나 열중한 나머지 시간이 순식간에 지나간 순간은 언제인가? 만약 그런 경험이 있었다면, 그때가 바로 몰입의 순간이다.

에드워드 데시는 칙센트미하이의 이론을 뒷받침하는 주장을 했는데, 그에 따르면 우리 인간은 '능력을 시험하고 확대하기 위해, 또 탐구하고 배우기 위해 새로운 것과 도전을 추구하는 내재적 성향'을 가지고 있다. 그런데 그는 후속 논문에서 이 내재적 성향의 한계에 대해 이렇게 밝혔다. "아이들, 학생들, 직원들의 내재적 동기를 개발하고 향상시키는 일에 흥미를 느낀다면, 금전적 보상 같은 외적 통제 시스템에 집중하지 말아야 한다."[54] 우리가 일을 직업으로, 의무로, 비효율적인 것으로, 수지를 맞춰 봐야 할 어떤 것으로 여길 때 성장하고자 하는 내재적 성향이 허물어진다는 것이다.

데시와 칙센트미하이의 이론은 프레더릭 허즈버그(Frederick Herzberg)의 연구와 연결된다. 임상심리학자이자 경영컨설턴트인 허즈버그는 업무 수행과 관련하여 2-요인 이론(two-factor theory)을 제시했다. 첫 번째는 충분한 보수와 직무 안전성 등 기본적으로 다루어야 할 '위생 요인(hygiene factors)'이다. 이는 직무에서 불만족이나 불행을 야기할 수밖에 없는 기본적인 요인이다. 만약 누군가가 먹고살 걱정, 집세 낼 걱정에 시달리고 있다면 창의성을 맘껏 발휘하기 어려울 것이다. 두 번째는 '동기 요인(motivation factor)'이다. 정말로 놀라운 성과를 발휘하기 위해서는 데시와 칙센트미하이도 언급했던 이 내재적 요인이 커다란 영향을 미친다. 품질 관리 이론의 창시자인 에드워드 데밍(W. Edwards Deming)도 일본 기업들을 상대로 경영 자문을 하면서 동일한 주장을 내놓았다. 품질 관리와 지속적 개선을 이루기 위해서는 내재적 동기를 확대해야 한다는 것이었다. 그의 방법론은 품질 관리 운동의 확산을 통해 전 세계 기업들이 수십억 달러의 가치를 창출하게 만들었다.[55] 데밍과 데시, 허즈버그, 칙센트미하이가 발견한 것은 모두 다음 두 명제로 요약될 수 있다.

1. 우리는 성장하고, 목표를 좇으며, 분투하려는 성향을 자연스럽게 타고난 존재다.
2. 우리는 그러한 충동을 따름으로써 보다 가치 있는 일을 창출할 수 있다.

자유로이 선택한 임무를 향해 분투하며 성장하기 위해 시간을 보낼 때, 우리는 더 나은 성취를 이루게 된다. 동일한 시간을 투입해도 더 많은 결과를 얻을 수 있다는 얘기다. 충분히 긴 지렛대를 가지게 되는 것이다. 그와 같은 목표를 찾고 이루려 분투하는 순간, 우리는 몰입을 경험하게 된다. 그것은 최고의 성과를 거두려는 사람들이 더 나은 것을 추구하고 분투하며 창업가적 탐색을 하는 과정에서 경험할 수 있는 것이다.

미국의 다양한 기업에 소속된 연구원과 기술자 1만1000명의 업무 행태를 분석한 한 연구는 새롭고 매력적인 일에 능해지려는 욕구가 생산성을 좌우하는 가장 중요한 예측변수라는 사실을 보여 준다. 내재적 동기를 가진 연구원들은 보수를 주요한 동기로 삼은 사람들보다 확연히 많은 특허 신청을 낸 것이다. 각 그룹이 투입하는 노력의 양을 통제한 상황이었음에도 불구하고 말이다.[56]

지적 도전을 향한 자연적인 욕구가 점점 더 많은 혁신과 특허 확대로 이어졌다. 이는 대다수 사람들이 동기 부여나 일에 대해서 갖고 있는 관점과 확연히 다르다. 우리는 흔히 사람들에게 대가를 많이 줄수록 성과가 향상된다고 생각한다. 그렇게 생각할 만한 이유가 없었던 것은 아니다. 지난 수천 년 동안 그래 왔기 때문이다.

▌알고리즘 작업과 휴리스틱 작업의 질적 차이

수세기 동안 전통적인 동기 요인들은 효과를 발휘했다. 괜찮은 보수, 적절한 규율과 감독이 통했던 시절이 있었다. 이는 알렉산더 대왕이 인도에 이르는 대제국을 건설하고, 석유왕 존 록펠러가 굴지의 기업 제국을 건설하게 만든 요인이었다. 그런데 이런 전통적 동기 요인들이 여전히 우리를 추동할까?

보수는 일정 수준의 생활을 가능하게 하거나 부를 쌓는 데 필요하다는 점에서 분명히 동기 요인이 된다. 만약 누군가 집을 임대하지 못하거나 식비를 해결하지 못하는 상황에 처했다면, 돈은 분명히 동기 부여 요인이 된다. 사람들이 아무것도 없는 상태에서 무언가를 얻게 만들어 주는 게 돈이다. 규율과 감독도 거의 비슷한 방식으로 작동한다. 방향이나 지침 없이 생활하는 사람에게 대체로 도움이 된다. 예컨대 약물 중독으로 고생하거나 불안정한 삶을 살고 있는 사람들을 엄격한 규율과 관리로 움직이는 조직에서 일하게 함으로써 정상 생활로 돌아가는 데 도움을 줄 수 있다. 분명히 사람에 따라 중요한 기능을 한다. 하지만 이것만 가지고 위대한 성과를 거두기는 어렵다.

『상식 밖의 경제학*Predictably Irrational*』을 쓴 댄 애리얼리(Dan Ariely)는 세 명의 동료 경제학자들과 함께 인도 마두라이에서 인센티브 효과에 관한 실험을 진행했다. 이들은 실험 참가자들을 두 그룹으로 나눠 한쪽에는 알고리즘 작업(algorithmic work), 다른 한쪽에는 휴리스틱 작업(heuristic work)을 할당했다.

알고리즘 작업은 단순한 공식을 적용할 수 있는 일로 '단순성 영역'에 속한다. 제품 생산 라인이나 가구 부품 조립 같은 것을 떠올려 보라. 각각의 작업은 분명하게 다음 작업으로 이어진다. 알고리즘 작업은 특별히 희소하거나 가치 있는 일이 아니다. 그다지 흥미로운 일이 아니기 때문에, 일을 하게 만들려면 더 많은 보수를 지불하는 게 좋은 방법이다. 내키지 않는 기계적인 일을 묵묵히 해야 할 때, 충분한 보수를 줌으로써 이를 합리화하는 것이다. 1905년 헨리 포드는 공장 노동자들의 임금을 인상함으로써 생산성을 증가시킬 수 있었다. 조립 라인에서 일하는 노동자는 창조성이나 혁신을 요구하지 않는다. 알고리즘 작업은 가까운 미래에 기계와 아웃소싱으로 대체될 단순한 작업이라고 할 수 있다.

휴리스틱 작업은 어느 정도의 가이드라인은 제시해 줄지 모르지만 어떤 경우에도 변치 않는 규칙을 적용하지는 않는 일이다. 경험적·발견적 성격을 갖고 있는 휴리스틱 작업은 '복잡성 영역'에 가까운 일이다. 가령 사업을 성장시키거나 초상화를 그리는 방법이 하나만 있는 것은 아니다. 경험적 지식과 관련 지침이 제시될 수는 있겠지만, 누구나 다른 방법을 적용해 성공적인 결과물을 이끌어 낼 수 있다. 같은 업종에서 여러 사업을 벌일 때 각 사업에 맞게 서로 다른 마케팅 플랜을 적용해 성공시킬 수 있는 것도 그런 이유다. 휴리스틱 작업은 알고리즘 작업과 달리 드물고 가치 있는 것이다. 손쉽게 아웃소싱할 수도, 컴퓨터 프로그램화할 수도 없다. 창업가, 그리고 기업 내부에서 창업가정신을 가진 사람들만이 할 수 있는 일이다.

댄과 동료들은 인도에서 실험을 진행하며 복잡한 휴리스틱 작업을 완수해야 하는 그룹을 셋으로 나눠 각기 다른 금전적 보상을 제공했다. 첫 번째 그룹에게는 적은 보상(하루 일당), 두 번째 그룹에게는 중간 정도의 보상(2주 급여), 마지막 그룹에게는 많은 보상(5개월 급여)을 지급한 것이다. 인센티브 효과에 대한 일반 상식에서 볼 때, 금전적 보상이 늘어날수록 성과가 좋아질 것이라고 예상할 법하다. 그런데 실험 결과가 정확히 정반대로 나왔다. 하루 일당을 받은 그룹보다 2주 급여를 받은 그룹의 성과가 낮았고, 2주 급여를 받은 그룹보다 5개월 급여를 받은 그룹의 성과가 낮았던 것이다.[57] 보수가 늘어날수록 철자가 뒤죽박죽인 말을 제대로 정리하는 것과 같은 복잡한 작업을 제대로 수행하지 못했다. 순전히 돈으로 동기를 자극했더니 오히려 작업의 질이 낮아졌으며 일의 가치 또한 떨어졌다.

또 다른 실험에서 연구팀은 화가들을 관찰했는데, 그림 그리는 일을 스스로 선택한 게 아니라 직업으로 삼는 경우 작품의 질이 실제로 떨어진다는 사실을 발견했다.

우리는 정말 깜짝 놀랄 만한 결과를 얻었다. 의뢰받은[달리 말해 직업적인] 일을 할 때는 의뢰받지 않은[달리 말해 창업가적인] 일을 할 때보다 확연히 창의성이 떨어졌다. 기술적으로는 별다른 차이가 없었다. 게다가 화가들은 의뢰받은 일을 할 때 그렇지 않은 일을 할 때보다 억지로 한다는 느낌이 훨씬 더 컸다고 밝혔다.

창조성과 인센티브의 상호작용을 실험한 다른 연구에서도 한 화가는 이렇게 말했다. "늘 그런 건 아니지만, 다른 사람을 위해 그림을 그릴 때는 즐거운 일이라기보다 '작업'에 더 가까워질 때가 많아요. 나 자신을 위해 일할 때 순전한 창작의 기쁨이 느껴지고, 시간 가는 줄 모른 채 밤새 일할 수 있어요. 의뢰받은 작업을 할 때는 자꾸 나 자신을 억눌러야 돼요. 의뢰인이 원하는 대로 작업하려고 신경을 써야 하는 거죠."[58]

결론은 하나다. 내키지 않을 뿐 아니라 비효율적인 일을 의무적으로 해내기 위해 시간을 투여해야 하는, 오늘날 직업을 둘러싸고 있는 구조는 전혀 바람직하지 않다는 것이다. 가장 중요하게는 이렇게 비효율적인 구조에서는 어떠한 놀라운 성취도 이루어 낼 수 없다는 것이다.

▌일의 목적과 의미를 이해하는 것이 핵심이다

컴퓨터 프로그래밍 관련 질의응답 사이트인 스택 오버플로(Stack

Overflow)를 설립한 미국의 소프트웨어 엔지니어 조엘 스폴스키(Joel Spolksy)는 한 매체와의 인터뷰에서 프로그래머의 취업 기회에 대해 알려 달라는 질문을 받았다. 이때 조엘은 자신의 사이트를 통해 고용된 수많은 컴퓨터 프로그래머들을 보며 경험했던 것을 이런 식으로 풀어놨다.[59]

만약 당신이 골드만삭스(Goldman Sachs)에서 일하려는 사람과 함께할 경우 얼마나 많은 비용을 들여야 할까? 돈보다는 의미 있는 일을 찾을 수 있는 회사에서 일하려는 사람과 함께할 때보다 두 배 이상은 들 것이다. 하지만 골드만삭스에 입사하려는 사람이 가치 있는 일을 하게 될 거라는 보장은 없다. 골드만삭스에서 혁신적인 것을 이룬 적이 있기나 했던가. 우리는 사회적으로 누군가에게 뭔가 임무를 할당하기 위해 더 많은 돈을 주면서도 더 적은 부를 창출하는 경우가 많다. 아마 골드만삭스에 가려 한 사람을 데려올 때 그런 일이 벌어질지도 모른다. 분명히 알아야 할 것은 이제 우리가 개인적으로 의미를 찾는 방향으로 스스로를 성장시키는 데 초점을 맞춤으로써 자기 자신은 물론이고 다른 사람들을 위해 더 많은 부를 창출할 수 있는 지점에 와 있다는 사실이다.

노동이 늘 비효율적이었던 이유는 그동안 부를 늘리고 경제적 한계를 해결하기 위해 요구되었던 일들이 주로 단순한 알고리즘 작업이거나 기껏해야 난해성 영역의 작업이었기 때문이다. 만약 당신이 100년 전의 농부인데 도시에서 일을 구하려고 했다면 공장에 들어갈 수밖에 없었을 것이다. 그것이 거의 유일하게 주어진 기회였다.

당시에는 자기 자신만의 사업을 시작할 때 맞닥뜨려야 할 장벽이 지금보다 너무 높았다. 하지만 지금은 아니다. 사실 이제 문제가 되는 것은 외적 장벽이 아니라 내적 동기와 자기결정력이다. 외부 환경에 휘둘리기보다 자신이 목표로 삼은 것을 일관되게 추구하며 성장하려는 동기와 힘이 더욱 중요하다는 것이다.

마크 안드레센은 한 인터뷰에서 투자 제안을 해 오는 창업가들과의 첫 대면이 보통 어떻게 이어지는지 밝혔다. 그들은 자신들이 벌이고 있는 사업을 지원해 달라고 찾아오는데, 대개 마크는 면담 초기에 그들을 단념시키려고 애쓴다. 그러고는 창업가들이 구상하거나 제안하는 문제 해결법 외에 다른 방향에서 문제를 공략할 방법을 제시한다. 이 시점에 안드레센-호로위츠가 투자하는 기업들의 성공 가능성에 대한 최대 예측변수가 드러난다.

창업가들은 마크를 만난 자리에서 이런저런 합리적 문제 공략 계획을 제시한다. 그것이 그들이 생각할 수 있는 가장 중요한 문제이기 때문이다. 마크가 다른 방식으로 문제 공략법을 제시할 때, 보통의 창업가들은 돌연 '예스맨'으로 변해 자신의 입장을 바꾸려는 경향이 있다. 하지만 성공한 창업가들은 화를 내면서 자리를 박차고 일어나 나가거나 곧 그렇게 할 조짐을 보인다. 그들은 수천, 수만 시간 동안 생각하며 그 문제를 해결하기 위해 공을 들여 온 사람들이다. 그러니 겨우 수십 분 정도 생각해 본 누군가가 공략해야 할 전혀 다른 문제가 있다거나 다른 해법이 있다고 말하니 화가 날 수밖에 없었던 것이다.

다른 이야기를 해 볼까. 야후가 2006년 10억 달러를 제시하며 페이스북 인수를 시도하자 저커버그는 페이스북 초기 투자자로 유명한 피터 틸과 짐 브레이어(Jim Breyer)를 만났다. 틸과 브레이어는 페이스북을 매각해야 한다고 주장했지만, 저커버그는 회의를 시작하면서 퉁명스럽게 말했다. "형식적인 겁니다. 회의는 곧 끝날 거예요. 10분 이상 걸리지 않을 겁니다. 우리가 지금 회사를 파는 일은 절대로 없을 겁니다."

저커버그는 야후의 파격적인 인수 제안을 거절하고 벤처 캐피털로부터 2억5000만 달러를 투자받아 회사를 계속 운영하기로 했다. 저커버그의 마음속에서 그 자금으로 해야 할 일은 오직 한 가지뿐이었다. 바로 자신의 소셜 네트워킹 사이트를 성장시키는 데 투자하는 것이었다. 그는 자신이 이미 이룩해 놓은 사업을 사랑했으며, 그것을 더 의미 있게 만드는 길을 발견했다. 틸과 브레이어는 자신들이 논쟁에서 진 것을 흔쾌히 받아들였으며, 저커버그가 페이스북을 계속해서 성장시켜 나가는 데 동의했다. 2015년 페이스북의 시가 총액은 2300억 달러에 달했다.[60]

일의 내적 동기와 목적을 이해하는 게 얼마나 중요한지는 펜실베이니아 대학 심리학 교수 애덤 그랜트(Adam Grant)의 심리 실험에서도 잘 드러난다. 그는 콜센터 직원들을 세 그룹으로 나눈 뒤 그들 모두에게 대학에 기부를 요청하는 전화를 걸게 하는 실험을 했는데, 각 그룹에게 각기 다른 조건을 부여했다. 첫 번째 그룹에게는 작업에 들어가기 전, 돈을 벌고 의사소통 기술을 발전시키는 등 일을 함으로써 얻을 수 있는 개인적 편익에 관한 내용을 읽게 했다. 두 번째 그룹에게는 기부금으로 장학금을 받은 사람들이 이후 자신의 삶을 어떻게 발전시켜 나갔는지를 담은 이야기를 읽게 했다. 그리고 세 번째 그룹은 아무런 사전 조건을 부여하지 않고 바로 작업에 돌입하게 했다. 실험 결과, 첫 번째와 세 번째 그룹이 거둔 성과에는 별 차이가 없었다. 그런데 두 번째 그룹, 즉 자신의 업무에 숨겨진 목적을 이해한 그룹은 나머지 두 그룹에 비해 두 배 많은 기부금을 모집했다.[61]

개인의 잠재력을 제대로 활용하지 못하는 것은 오늘날 우리가 해결해야 할 가장 심각한 난제라고 할 수 있다. 재능이 탁월하고 야심이 많은 젊은이들이 일에서 자신의 잠재력을 충분히 발휘할 수 없다고 느낄 때, 일을 대하는 그들의 자세는 딱 그 수준에 맞게 축소될 수밖에 없다.

복잡성 영역에 있는 창업가적 활동은 지금도 턱없이 부족하다. 그리고 우리가 의무적으로 종사하고 있는 직업은 창업가적 활동을 해낼 능력을 저해시킨다. 이는 사회적 손실이기도 하지만, 더 중요하게는 그에 앞서 개인적으로 크나큰 손실이 된다. 최고의 성과를 올리고 싶은 사람, 뛰어난 업적을 창출하고자 하는 사람에게 의무적인 직업은 아무런 도움이 되지 않는다.

지금 우리는 역사상 처음으로 흥미로운 문제에 몰두하며 분투하고 성장하려는 인간의 자연적 욕구가 시장의 요구와 일치하는 지점에 도달했다. 또한 이는 기본적인 인간 욕구와 일치하는 데 그치지 않는다. 경제적으로 훨씬 더 가치 있는 일이다. 자신의 일에서 의미를 찾는 것은 단지 개인에게 성취감만을 가져다주는 것이 아니라 비즈니스에서 유용한 전략이 된다.

▌인간의 삶을 추동하는 것은 의미다

1905년 오스트리아에서 태어나 성장기를 보낸 정신과 의사이자 심리학자인 빅터 프랭클(Viktor Frankl)은 히틀러가 오스트리아를 침공하기 직전 미국으로 망명할 기회를 얻었다. 하지만 프랭클은 가족과 함께 오스트리아에 머무는 길을 택했다. 나치가 오스트리아에 도착하자마자 프랭클 일가는 즉시 체포되어 강제수용소로 끌려갔다. 강제수용소로 끌려간 프랭클의 아내와 부모, 친구들은 모두 전쟁이 한창일 때 혹독한 형벌 속에서 죽음을 맞이했다. 하지만 프랭클은 아우슈비츠를 비롯한 강제수용소 세 곳을 오가며 상상을 넘어서는 비참하고 잔혹한 환경에서 5년을 보내고 홀로 살아남았다.

강제수용소 생활을 하던 프랭클은 동기와 생존에 관한 전통적 이론들로는 수감자들의 생과 사가 갈리는 이유를 설명할 수 없다는 점을 알게 됐다. 비인격화(depersonalization), 폭력과 학대, 노역이라는 가혹한 환경에 놓였다는 점에서는 모두 같은 처지였다. 그들은 하나같이 인간이 상상할 수 없을 정도의 상황에서 굶주림과 중노동에 시달렸다. 그렇다면 수많은 사람들이 죽어 가는 환경에서 왜 어떤 수감자들은 살아남으려고 애썼을까?

프랭클은 되풀이되는 각본을 발견했다. 가족의 죽음을 확인한 수감자는 대개 그 뒤를 이어 죽음에 이르렀다. 유일하게 삶의 의미를 부여했던 가족들이 더 이상 곁에 없다는 사실, 이제 하늘에서나 만날 수 있다는 사실은 강제수용소의 지옥 같은 환경을 버텨 낼 수 없게 만들었다.

프랭클은 이후 강제수용소에서의 극한 체험을 바탕으로 쓴 『죽음의 수용소에서Man's Search for Meaning』를 통해 의미치료요법인 로고테라피(logotherapy)를 담아냈다. 프로이트가 주장한 쾌락에의 의지(Will to Pleasure)라든가 니체가 설파한 권력에의 의지(Will to Power) 등 여러 동기 이론과 달리, 프랭클은 인간이 근본적으로 추구하는 것을 의미(meaning)라고 보았다. 강제수용소에서는 어떠한 권력도, 어떠한 쾌락도 구할 수 없었다. 그럼에도 의미를 찾아내는 방법은 있었다.

▎내가 원하는 것은 무엇인가

프랭클은 환자들을 만나면서 보편적인 사실을 발견했다. 과거 그 어느 때보다 높은 품질의 소비재가 대량으로 쏟아져 나오고 있지만, 사람들의 불만족 수준은 점점 더 높아지고 있다는 점이었다. 이와 같은 실존적 공허와 의미의 상실은 20세기를 지나는 동안 서구 사회에 널리 확산된 현상이다. 또한 이를 반영하듯 실존주의(Existentialism)가 서구 사상의 한 축을 차지하기도 했다.

불만족과 불행을 느끼는 인간의 성향이 최근에 형성된 것은 아니다. 그것은 유인원에 가까운 우리의 친척에게서 갈라져 나온 뒤 인류 역사의 이른 시기에 이식되었다. 인간의 전두엽이 발달한 것은 인간이 유인원과 달리 본능에 치우치지 않는다는 것을 의미한다. 우리 인간은 문제를 처리하고 의사결정을 내리는 능력을 발전시켰다. 이는 하찮거나 무의미한 변화가 아니다. 바로 인류가 지구를 지배하게끔 만든 의사결정 능력인 것이다. 다른 종과 달리 인간은 늘 선택의 기로에 선다. 그리고 그것이 불만족과 불행이라는 감정과 연결되기도 한다. 하지만 언제든 선택의 기로에 서야만 하는 운명으로 인해 인류 역사에서 엄청난 문제가 생겨났던 것은 아니었다. 선택의 순간이 수없이 많았던 것도 아니다. 대부분의 사람들은 이미 존재하는 것들을 위해, 더 큰 제도가 대다수 사람들에게 지켜야 할 전통이라고 요구하는 것들을 위해 살았기 때문이다.

오래전 부족 사회에서부터 오늘날 기업과 정부에 이르기까지 인간이 형성해 온 사회 구조는 우리 삶의 방식을 규정해 왔다. 만약 우리가 수렵·채집 부족에서 살고 있다면, 혹은 그저 교회 하나와 소규모 공장이 있는 작은 마을에 살고 있다면 수많은 선택을 내릴 일은 없다. 수렵·채집 부족민이라면 사냥에 참여하고, 동지나 하지 등 부족이 기념하는 날에 함께하면 된다. 작은 마을에 살고 있다면, 주중에는 일을 하고 토요일에는 행사에 참여하고 일요일에는 교회에 갈 것이다. 우리가 하는 일들은 이와 같이 사회 구조와 전통에 따라 이루어진다.

하지만 이러한 사회적 전통은 계속 사라지고 있다. 프랭클이『죽음의 수용소에서』를 쓰던 당시보다 더욱 심해져 개인적으로나 사회적으로나 우리에게 주어진 목표가 무엇인지 이해하기가 훨씬 더 어려워졌다. 또한 전통의 지속적인 와해와 함께 오늘날 실존적 공허가 과거 그 어느 때보다 두드러지고 있다.

우리는 이전 어느 세대보다 자신의 삶을 어떻게 구조화할지 진실하게 '선택'해야 한다. 우리 부모 세대에 비해 삶에서 전통과 구조가 차지하는 부분은 그리 많지 않다. 한편으로는 대단한 축복이라고 볼 수도 있지만, 다른 한편으로는 동기를 잃은 채 의미를 잃고 공허감에 빠질 위험도 내포하고 있다. 그런 까닭에 스스로 묻고, 선택해야만 한다. '내가 원하는 것은 무엇인가?' 만약 이 질문에 답하지 못한다면 불행하게도 다음 두 가지 결과 중 하나에 이를 수밖에 없다.

1. 다른 사람이 하는 것을 하고 싶어 한다.
2. 다른 사람이 하라고 하는 것을 한다.

▌5년 후 무엇을 하고 있을 것인가

베이비부머 세대에게는 비교적 분명한 전망이 있었다. 제2차 세계대전이 끝난 뒤 생겨난 전례 없는 경제적 기회는 그들이 성장하는 데 디딤돌이 되었다. 그들이 일을 시작하기 위해 사회에 발을 들여놓을 때 주어진 기회는 꽤 분명했다. 하지만 지금 세대에게 주어진 기회나 전망은 명확하지 않다.

얼마 전, 다양한 프로젝트 계약을 따내거나 이베이(eBay) 경매를 통해 수익을 올리는 30대 중반의 톰이라는 남성과 이야기할 기회가 있었다. 그는 그렇게 돈을 벌어 생활비를 충당하는 한편, 파티를 열거나 여행을 가는 등 삶을 즐기며 살고 있다고 말했다.

내가 톰을 만난 시점으로부터 10년 전, 그는 대학을 졸업한 뒤 고등학교 교사로 경력을 쌓기 시작했다. 가르치는 일이 좋았고, 아이들과 함께하는 시간이 행복했다. 하지만 5년쯤 지나자 실망감이 들었다. 자기 자신이나 아이들에게 도움이 되지도 의미가 있지도 않은 것들을 가르치고 있었다. 학교 시스템의 표준화된 시험에서 요구하는 것들이라 어쩔 수 없었다.

어느 여름날 톰은 스쿠버 다이빙 강사 일을 하는 친구들과 함께 시간을 보내다가 자신의 좌절감을 털어놓았다. 이런저런 질문을 던지는 친구들에게 속사정을 밝히던 그는 자신이 일에 만족하지 못하고 있다는 사실뿐 아니라 너무나 중대한 현실에 직면하게 되었다. 프리랜서 스쿠버 다이빙 강사로 일하는 친구들에 비해 '괜찮은 직업'을 가지고 있다고 믿었지만, 은행계좌는 늘 텅 비어 있었던 것이다. 톰은 왜 타당하다고 여기지도 않는 교과 과정을 가르치느라 학교에서 자신의 모든 시간을 쏟아 넣어야 했을까? 왜 은행 잔고가 바닥을 치는 삶을 살 수밖에 없었을까?

내가 만났던 60대 후반의 린다는 상황이 좀 달랐다. 물론 그녀도 직장생활 초기에는 톰과 비슷한 처지에 있었다. 일에 그다지 큰 보람을 느끼지 못하고 있었던 것이다. 그럼에도 그녀는 교사로 일하면

13 일의 목적과 의미를 이해한다는 것

서 로스쿨에 다니던 남편의 학비를 대고 그가 힘든 과정을 이겨 내도록 도왔다. 마침내 그녀는 남편의 사무장이 되었고, 부부는 함께 일하며 야심차고 의미 있는 일을 만들어 나갔다. 농촌에서 자란 그녀의 부모가 상상할 수 없었던 수준의 자유를 얻는 것은 물론이다.

하지만 지금 린다 부부와 같은 길을 걷는다면 그들처럼 상승 궤도를 탈 만한 기회가 그리 많지 않다. 계속되는 임금 동결로 생활을 유지하는 데 급급할지도 모르고, 자력으로 학비를 대기는커녕 늘어만 가는 학자금 대출로 빚이 쌓여 갈지도 모른다. 그들의 첫 시작은 빚을 갚는 데 쓰일 것이고, 그만큼 수익은 줄어들 것이다. 비약하는 게 아니다. 지금 세대가 숱하게 겪는 일이다. 사정이 이렇다 보니 일에 만족감을 느끼지 못하게 되고, 아무런 영감도 느끼지 못하게 될 가능성이 크다.

당신이 하고 싶지 않은 일을 해야 하거나, 성장 기회가 별로 없는 직업에 종사하고 있다면 어떨까? 그 일을 그만두고 차라리 스쿠버 다이빙 강사가 되는 게 나을지도 모른다. 농담이 아니다. 열심히 노력하고 애쓸 만한 것이 없다면, 좌절하지 말고 차분히 다른 일을 모색하는 편이 낫다.

직장인이라면 누구나 이런 상황에 직면하기 마련이다. 사람들은 대개 스스로 성장하며 다른 사람들을 위해 가치를 창출하고 싶어 한다. 또한 의미 있는 무언가를 성취하고자 하는 욕망을 가지고 있다. 회사 경영진에서는 '네트워킹'이니 '시장 노출'이니 전문용어를 떠들어 대지만, 원치 않는 일을 할 때는 늘 마음에 와 닿지 않는다.

그래서 의문이 꼬리를 문다. 내게 도움이 되는 걸까? 정말로 누군가에게 조금이라도 도움이 되는 걸까? 내가 원하는 것은 무엇일까?

회사에서 복도를 지나가다가 당신보다 직장 경력이 5년 많은 선배와 마주쳤을 때 한 번 생각해 보라. 5년 후 당신이 원하는 삶을 그는 살고 있을까? 또한 그가 지금 하고 있는 일을 떠올려 보라. 5년후 당신이 그 일을 하고 있는 모습을 떠올리면 마음이 들뜨는가?

▌단지 살아남는 걸 넘어서는 삶의 방식이 있다

프랭클은 강제수용소에서 의미를 향한 의지에 관한 이론을 세상에 내놓는 것이 자신의 목적임을 깨달았다. 그것은 5년을 지옥에서 살아남게 만들어 준 목표이기도 했다. 이에 그는 굶주림을 해결해 줄 음식물이 아니라 작은 종이 조각들을 몰래 들여와 자신이 점진적으로 발전시킨 이론을 적어 나갔다. 그는 그 과정에서 단지 살아남는 걸 넘어서는 삶의 방식이 있다는 것을 깨달았다. 바로 의미를 발견하는 것이다. 그는 의미란 만들어지는 것이 아니라 발견하는 것이라고 말했다. 그리고 그것은 어떤 행위를 하고, 어떤 일을 창출함으로써 발견해 나가는 것이다. 단지 자신의 마음에 머무는 것이 아니라 세상으로 걸어 나가 일을 해낼 때 의미를 발견할 수 있다는 것이다.

지금 우리에게 주어진 기회가 있다면, 그것은 바로 어떤 행위를 하고 일을 창출하며 세상에 나가 창조적인 작업을 할 수 있는 도구

13 일의 목적과 의미를 이해한다는 것

가 있다는 점이다. 오늘날처럼 그 기회에 쉽고 안전하게 다가갈 수 있었던 적은 없었다. 창업가정신을 통해 부와 자유, 의미를 추구하는 것이 과거 그 어느 때보다 유리할 뿐 아니라 성장 가능성이 무궁무진한 일이 되고 있다. 인류 역사상 처음 있는 일이다.

10년 후
무엇을 하고 있을 것인가

이 책을 쓰는 동안 이야기를 나눈 사람들 대부분이 내게 이렇게 물었다. "정말로 그런 일이 일어나고 있다고 생각하세요? 우리가 창업가정신을 통해 자유와 부를 추구하는 놀라운 시대로 접어들고 있다고 믿는다는 게 정말입니까?" 이미 앞에서 여러 번 언급했지만 다시 한 번 간단하게 답하자면, 그렇다. 그러나 그런 미래가 저절로 찾아온다고 생각하지는 않는다. 기회가 있을 뿐이고, 그것을 잡는 것은 스스로의 몫이다. 그 기회는 수많은 미래 중 하나다. 그리고 나는 지금까지 기회를 잡은 사람들을 수없이 만나 대화를 나눴다.

또 다른 미래는 토마 피케티(Thomas Piketty)와 같은 경제학자들이 언급한 것처럼 20세기 이전의 패러다임으로 회귀하는 것이다. 피케티는 20세기 이전까지 거의 언제나 자본수익률(rate of return on capital)이 경제성장률(rate of economic growth)보다 높았다는 점을 전제로 내세웠다. 이 경우 상속을 통한 부의 증가 속도가 생산을 통한 경제의 성장 속도보다 훨씬 빨라질 수밖에 없다. 따라서 부자는 더 부유해지고 가난한 사람은 더 가난해지는 것이다. 이와 관련하여 피케티의 주장을 뒷받침하는 자료가 있다. 1987년 이래 성인의 평균 자본수익률이 2.1퍼센트였던 것에 비해 억만장자의 평균 자본수익률은 6.5퍼센트에 이르렀다.

여기서 두 가지 관점으로 피케티의 주장을 들여다볼 수 있다. 첫 번째는 피케티의 전망대로 가게 되리라고 보는 것이다. 그러면 부자는 더 부자가 될 것이고, 우리는 불평등한 사회에서 살 수밖에 없게 된다. 두 번째는 피케티의 관점이 근시안적이며 역사적 도전에 직면했다고 보는 것이다. 인류 역사를 통틀어 부자들이 독점했던 생산수단과 갖가지 도구들이 지금 우리 손 안에 있다. 오늘날 수백만 달러 규모의 사업을 노트북, 통신 서비스, 인터넷 연결로 운영하는 개인들이 점점 더 늘어나고 있다. 이것이 우리가 살고 있는 세상이다. 미래가 정해지지 않은 세상, 각 개인과 집단, 사회가 스스로 미래를 쓰는 세상에 살고 있는 것이다.

이런 점에서 피케티를 비롯한 많은 사람들이 간과하는 사실이 있다. 예전에는 한 세대가 직접 자신의 미래를 써 내려간 적이 없었다는 것이다. 하지만 명심해야 할 것은 그 미래가 저절로 쓰이는 것은 아니라는 점이다.

▌명확한 낙관주의자가 되라

우리는 피터 틸이 말한 '불명확한 낙관주의(indefinite optimism)'가 지배하는 사회에 살고 있다. 우리는 자신에게 주어진 가능성과 기회가 확대되고 있다는 것을 모두들 어느 정도는 느끼고 있다. 하지만 그 기회를 붙잡기 위해서는 앞으로 나아가야 한다. 많은 사람들이 더 많은 것, 더 큰 것을 붙잡을 수 있게 되었다고 느끼지만, 정작 행동에 들어가는 것은 소수의 사람들뿐이다. 우리는 낙관적이지만, 그것을 어떻게 실현할지 스스로 명확하게 규정하기를 꺼려한다. 그래서인지 "언젠간 기회가 오겠지" "잘되리라고 믿어" 하는 식으로 아주 막연한 태도를 취하는 것이다.

베이비부머 세대는 우리 세대와 달리 아주 명확한 낙관주의적 태도를 유지했다. 그들이 쌓은 부는 단지 저절로 생겨나길 원해서 얻은 결과가 아니었다. 그들이 직접 붙잡은 것이었다. 그들의 삶에서 가장 두드러져 보이는 것은 용기 있게 자신의 소신을 피력하고 그것을 실현하기 위해 계획한 순간들이다. 1962년 케네디 대통령은 우주탐사 계획을 세웠고, 국가가 그를 지지하며 결집했다. "우리는 1970년이 오기 전에 달에 가고 다른 탐사 임무도 찾기로 했습니다. 이 일이 쉬워서가 아니라 어려운 일이라는 것을 알기 때문입니다."[62] 레이건 대통령은 통일된 독일의 미래를 그렸다. "고르바초프, 이 장벽을 무너뜨리십시오." 마틴 루터 킹 목사는 '꿈'을 가졌고, 그 꿈을 실현하기 위해 워싱턴에서 평화행진을 이끌었다. 하지만 지금 우리는 어떤가. 해야 할 책무를 포기하고 있지는 않은가.

피터 틸은 오늘날 '부를 재배치하는 사람들(wealth re-arrangers)'이 급증하고 있다는 점에 주목한다. 법률부터 금융에 이르는 거대 산업들이 부의 창출을 확대하는 게 아니라 주로 돈을 순환시키는 일에만 전념하고 있다는 것이다. 우리는 다 잘될 거라고 생각하지만(그렇지 않다면 투자하지 않을 것이다), 어떤 식으로 좋아질지는 명확히 알지 못한다. 사정이 이렇다 보니 투자를 분산하는 것이 대세로 통하고 있다.

오늘날 개인들은 주로 돈을 대형 은행에 맡기는 방식으로 투자한다. 그러면 은행가들은 그 돈을 어떻게 처리해야 할지 마땅히 모르기에 기관투자가들의 포트폴리오에 분산 투자한다. 기관투자가들도 사정이 별반 다르지 않기에 주식 포트폴리오로 투자를 분산시킨다. 그러면 기업들은 주가를 높이려고 애쓰고 이에 성공할 경우 배당금을 지불하거나 자사주를 매입한다. 그리고 그러한 전체 주기가 되풀이된다.[63]

자금을 가지고 부를 확대하는 법을 실제로 잘 아는 사람은 별로 없다. 오늘날 활용할 수 있는 자본, 기회와 가능성이 주어져도 우리는 여전히 확실한 미래에 투자하려 하지 않는다. 기회가 있다고 느끼긴 하지만, 그저 마음속에 일종의 기대만 품고 있을 뿐이다. 그러고는 그저 기존의 방식으로 문제를 해결하려 한다. 전통적인 패러다임에 따라 직업을 의무로 생각하도록 훈련해 온 국가, 일자리 보고서를 생산성의 측정 지표로 보는 국가에서는 더욱 그러하다. 이런 나라에서는 상황이 호전될 것이라고, 기존 기업들이 (아주 최소한의 통제만 하고 있기에) 성장해 갈 것이라고 믿는 경향이 있다.

과거에는 창업에 투자하는 일이 일반적으로 직장 생활보다 어려운 일이었고 직업을 가져야만 좋은 보수를 얻을 수 있었다. 때문에 우리는 별로 고민하지 않고 그러한 관념을 받아들였다. 또한 우리는 통제력의 부족을 받아들였으며, 그래도 별로 문제가 없었다.

그러나 이는 더 이상 좋은 절충안이 아니다. 세상의 구조가 완전히 바뀌었기 때문이다. 우리는 극단의 왕국, 즉 예측 불가능성과 빠른 변화로 정의되는 세계에 살고 있다. 또 통신기술의 발달과 글로벌 교육 수준의 향상은 이전까지 산업화가 덜 되었던 세계 곳곳의 지역을 빠르게 산업경제로 전환시키고 있으며, 의욕에 찬 글로벌 인력들을 등장시키고 있다. 누군가가 오래전 전기도 들어오지 않는 아시아의 낙후된 시골 마을에서 농사를 지으며 살았다면, 그들의 손자들은 지금 고등 교육을 받고 열정을 품은 채 글로벌 시장에 발을 들여놓고 있다는 것이다. 그뿐인가. 이제는 글로벌 인력뿐 아니라 기계까지도 경쟁 상대가 되고 있다. 서구 사회에 자동화 시스템이 도입된 이래, 이전까지 공장 기반의 산업경제에서 상당한 인력이 점유했던 반복적인 작업이 기계로 대체되고 있기 때문이다. 이런 상황에서 어쩌면 전통적인 방식으로 직업 경력 계획을 세운다는 것은 무의미한 일일지도 모르며, 그런 의미에서 마크 안드레센의 조언을 새겨들을 만하다.

첫 번째 경력 계획 규칙은 이것이다. 자신의 경력을 계획하지 마라. (…) 세상은 믿기 어려울 정도로 복잡한 곳이며, 모든 것이 시시각각 변화하고 있다. 우리는 경력을 계획할 수 없다. 장차 일어날 일을 전혀 모르기 때문이다. 경력을 계획하는 것은 좌절감만 안겨 주는 무의미한 일이다. 또한 판단력이 흐려져 정작 중요한 기회를 놓치고 삶의 방향이 어긋날 수 있다. (…) 두 번째 경력 계획 규칙은 이것이다. 직업 경력을 계획하기보다 자신의 능력과 기술을 발전시키고 가치 있는 기회를 추구하는 데 초점을 맞추라는 것이다.[64]

우리는 직업의 종말을 맞이하고 있다. 장기적이고 안정적인, 우리 부모 세대가 누린 직업에 대한 약속이 이제는 사라져 버렸다. 그럼에도 우리는 전통적인 자격을 얻는 데 너무나 많은 투자를 해 왔고, 여전히 그 굴레에서 벗어나지 못하고 있다. 하지만 새로운 기회를 잡고 있는 소수 그룹, 즉 창업가들은 넘쳐나는 기회에 압도당하며 어쩔 줄 몰라 하고 있다. 물론 처음 이 길을 걸을 때는 치열한 경쟁과 낮은 수익으로 잠 못 이루는 밤을 맞이할 때가 많아질지도 모른다. 남의 지시를 받고 일하며, 어떤 극적인 일도 일어나지 않으리라는 걸 알고 편안히 밤을 보내는 직장인의 삶과는 다른 것이다. 그럼에도 그 치열한 도전의 밤을 이겨 내면, 인류 역사상 전례 없는 수준의 부와 자유는 물론 일과 삶의 의미를 붙잡을 수 있게 될 것이다.

▋ 나는 누구인가, 나는 누가 될 것인가

'나는 누구인가?' 이 물음을 보고 맨 처음 떠오르는 단어는 무엇인가? 누구의 아들이나 딸? 어느 회사 직원? 어느 나라 사람? 스스로를 정의하라는 물음을 받을 때, 우리는 대개 좀처럼 자신을 있는 그대로 정의 내리지 못한다. 그보다는 자신을 규정하는 조직이나 집단을 기준으로 스스로를 정의 내린다. 하지만 창업가정신을 실현하며 살아간다는 것은 이와 전혀 다른 일이다. 그때 당신은 완전히 다른 방식으로 스스로를 규정한다. 자신의 삶을 설계하는 능력이 확장되면서 나와 세상을 보는 관점이 달라지는 것이다.

19세기 미국의 유명한 저널리스트 호러스 그릴리(Horace Greeley)는 한 사설에서 젊은이들에게 도전정신을 촉구하며 이렇게 말한 적이 있다. "워싱턴은 살 만한 곳이 아니다. 집값은 비싸고, 음식은 형편없으며, 먼지는 거북하고, 도덕심은 개탄스럽다. 서부로 가라, 젊은이여. 서부로 가서 이 나라와 함께 성장하라." 그릴리의 말은 어쩌면 서부 개척 시대에만 적용되는 것이 아닐지도 모른다. 당신은 지금 불편하고, 불만족스럽고, 그 어떤 면에서도 성장 가능성이 없는 현실을 개탄하고 있지는 않은가. 혹 그 정도까지는 아니라 하더라도 현재에 안주하지 않고 나아가 자신만의 놀라운 성취를 이루고 싶지는 않은가. 만약 그렇다면 가만히 주저앉아 있지 말고 일어나 서부로 가라. 롭 윌링은 그랬다.

롭 윌링은 대학을 졸업한 후 아버지가 42년 동안 일했던 건설회사에 들어가 프로젝트 매니저로 일했다. 그는 그 회사의 설립자들과 친분이 있었고, 빠르게 승진의 사다리를 올라가고 있었다. 그러던 그가 10년 전 돌연 회사를 그만두었다. '뭔가 다르고, 뭔가 성취감을 주는 일에 착수해야겠다는 생각'이 직감적으로 들었기 때문이다.

흥미로운 건, 나중에 경영진에 합류할 가능성이 컸던 그 회사보다 훨씬 더 소규모 방식으로 회사를 운영하기에 제 목소리를 더 낼 수 있다는 겁니다. 회사를 그만두기로 결심했을 때, 직감적으로 느꼈습니다. 예순다섯 살이 되었을 때의 제 삶을 들여다보니 비록 경영진이 된다고 해도 평생을 도급업자로 일하겠더군요. 그렇다면 제가 행복할까요? 뭘 이루게 될까요? 그 일에 만족할까요? 그렇지 않으리라는 겁니다.

제가 좀 더 흥미를 가지고 즐겁게 할 수 있는 일에 도전하고 싶었어요. 그건 기술을 활용하는 일이었습니다. 책을 쓰고, 블로그를 작성하고, 팟캐스트로 이어지는 소프트웨어를 구축하는 일이었죠. 물론 앞으로 무슨 일이 벌어질지는 전혀 알 수 없었어요. 하지만 이제 여기가 제가 있어야 할 자리라는 것을 깨달았습니다. 지금 하고 있는 일이 예전보다 열 배는 더 행복감을 준답니다.

제가 지금까지 이룬 성취라고 한다면 예전보다 더 많은 사람들에게 영향을 미친다는 것입니다. 블로그와 팟캐스트를 운영 중인 데다 콘퍼런스와 강연도 열고 있기 때문입니다. 순전히 제가 이룬 성취예요. 제 생각에는 꽤 오랫동안 지속될 겁니다. 예전 일을 그대로 계속했다면 사람들에게 도움을 주는 건 꿈도 꾸지 못할 일이었을 겁니다.[65]

당신이 지난주에 달성한 일이 무엇인지 되돌아보라. 별로 만족할 만한 결과를 얻지 못했다는 생각이 들 것이다. 지난 3년 동안 성취해 낸 일에 대해서 되짚어 본다면 어떨까? 어쩌면 꽤 많은 일을 했을지도 모른다. 중대한 프로젝트를 마무리했거나, 외국어를 배웠거나,

새로운 사람들과 의미 있는 인간관계를 맺었을지도 모른다.

우리는 자신의 능력을 과대평가하여 짧은 시간에 일을 처리하려는 경우도 있고, 반대로 자신의 능력을 과소평가하여 무언가에 너무 오랜 시간을 들이기도 한다. 지금 당장 모든 이메일에 답해 주어야 한다고 느끼기도 하고, 페이스북에 실시간으로 올라오는 영양가 없는 글들을 모조리 다 읽어야 한다는 생각이 들기도 한다. 하지만 이메일에 답변하거나 쓸데없는 글을 탐독하기보다 평소 목표로 했던 일에 하루 한 시간을 쓴다면 어떻게 될까? 예컨대, 책을 쓰거나 부업으로 상품을 출시하여 한 계단 한 계단 올라가면 어떨까? 자신이 열망하는 직종에 수습직으로 들어가 새로운 기회를 찾거나 후대에 남길 자신만의 사업을 구축하는 것은 어떨까?

다시 한 번 지난 3년을 되돌아보라. 정말 중요한 일들을 성취했는가? 3년 전 자신을 위해 세운 목표를 돌아보라. 자신이 되고자 했던 사람을 떠올려본다면 그동안 스스로를 너무 낮게 평가했다는 것을 알게 될 것이다. 주위 사람들을 둘러봐도 대부분 당신과 사정이 다르지 않을 것이다. 이제 생애 전반으로 범위를 확장해 보자. 당신이 3년간 성취할 수 있는 일들을 지나치게 낮게 평가한다면, 향후 30년 동안 스스로를 얼마나 과소평가하겠는가?

우리는 모두 자신 안에 잠재력을 가지고 있다. 그것을 끄집어내어 기회를 실현시킬 수도 있다. 하지만 그 누구도 우리에게 가치를 실현하라고, 도전하라고, 운명을 개척하라고 촉구하지 않는다. 그 어떤 정치적 리더도, 그 어떤 CEO도 우리가 갈 길을 열어 주지 않는다. 이런 상황에서 30년 후, 50년 후의 모습을 그려 보라. 결국 우리의 미래, 우리의 이야기는 스스로 써 나가야만 한다.

주

Part 1 직업의 시대가 끝나 가고 있다

1 http://www.nytimes.com/2009/03/13/business/economy/13wealth.html?_r=0

2 Steve Jobs, https://www.youtube.com/watch?v=UvEiSa6_EPA

3 http://www.kpcb.com/internet-trends, 2015 report, slides 97-98

4 http://www.nytimes.com/2013/02/20/business/college-degree-required-by-increasing-number-of-companies.html?ref=business&_r=1&

1 마이크로-멀티내셔널의 시대가 온다

5 http://www.chrisducker.com/how-much-do-i-pay-my-virtual-assistant/

6 http://dazeinfo.com/2014/10/28/1-5-million-engineering-pass-outs-india-every-year-fewer-getting-hired-trends/

7 http://www.engineeringuk.com/View/?con_id=360

8 http://www.oecd.org/edu/50495363.pdf

9 http://www.forbes.com/sites/michaelzakkour/2014/04/30/copycat-china-still-a-problem-for-brands-chinas-future-just-ask-apple-hyatt-starbucks/

10 Nassim Taleb, *Antifragile*.

11 Peter Drucker, *Management: tasks, responsibilities, practices*(1974) p. 181. http://bit.

ly/1K8KvP4

12 제시 롤러와의 인터뷰. 인터뷰 내용이 궁금하다면 다음 웹사이트를 방문하라. http://taylorpearson.me/eoj

13 권력 분배의 효과에 대해 더 알고 싶다면 다음을 참고하라. *The Dictator's Handbook*. http://www.amazon.com/The-Dictators-Handbook-Behavior-Politics/dp/1610391845

2 소프트웨어가 세상을 집어삼키고 있다

14 http://www.washingtonpost.com/wp-dyn/content/article/2008/02/22/AR2008022202283_2.html?sid=ST2008022202336

15 http://www.nytimes.com/2015/04/19/opinion/sunday/the-machines-are-coming.html?smprod=nytcore-iphone&smid=nytcore-iphone-share&_r=1

16 http://www.wsj.com/articles/SB10001424053111903480904576512250915629460

17 http://www.cs.utexas.edu/~fussell/courses/cs352h/papers/moore.pdf

3 대학을 졸업해 평범한 직장인이 되는 시대는 끝났다

18 http://portalseven.com/employment/unemployment_rate_u6.jsp

19 http://www.newyorkfed.org/research/current_issues/ci20-1.pdf

20 http://www.nytimes.com/2013/02/20/business/college-degree-required-by-increasing-number-of-companies.html?ref=business&_r=1&

21 http://www.nalp.org/uploads/Classof2013SelectedFindings.pdf

22 http://www.businessweek.com/articles/2012-06-12/mba-pay-peering-into-the-future

23 데이브 스노든의 커네빈 프레임워크에 대한 자세한 설명은 다음을 참고하라. https://www.youtube.com/watch?v=N7oz366X0-8

24 https://hbr.org/2007/11/a-leaders-framework-for-decision-making

Part 2 앙트레프레너의 시대가 온다

25 농업경제(400년), 산업경제(200년), 지식경제(100년)로 전환되면서 각각의 시기가 다음 시기로 바뀌는 속도가 2배 빨라졌다는 점이 눈에 들어온다. 무어의 법칙이 연상된다.

4 앙트레프레너, 가장 안전하고 성공적인 미래

26 http://www.oecd.org/edu/50495363.pdf
27 앤드루 유데리안과의 인터뷰. 앤드루가 투자 은행업을 떠나 창업을 한 과정 등 전체 인터뷰 내용을 확인하려면 다음 사이트를 방문하라. http://taylorpearson.me/eoj/

Part 3 위험한 것이 안전한 것이다

28 Daniel Kahneman, *Thinking Fast and Slow*, pp. 288~289
29 우리는 또한 긍정적인 면이 어느 정도인지 간과해 버린다. 만약 10명의 여성에게 다가가서 말을 걸었는데, 9명에게 거절당한 뒤 마지막 한 사람과 의미 있는 관계로 발전하여 수년을 함께 보내면서 정서적 만족을 얻었다면 긍정적인 면이 압도적으로 많다고 봐야 한다. 또한 10개 회사를 창업했는데, 첫 9개 회사에서 수만 달러의 손실을 보고 10번째 회사에서 100만 달러의 수익을 올린다면 이전의 숱한 실패에도 불구하고 결국에는 성공을 이룬 긍정적인 면이 존재하게 되는 것이다.

Part 4 비즈니스의 한계가 없어진다

30 데릭 시버스가 부업 삼아 만든 시디베이비닷컴을 어떻게 직원 수 75명의 사업체로 성장시키며 재능 있는 뮤지션들의 음반을 판매하는 데 성공했는지, 그리고 그가 배운 교훈을 어떻게 다른 업종에 적용시킬 수 있는지 살펴보려면 다음 사이트에서 인터뷰 전문을 다운로드하라. http://taylorpearson.me/eoj

31 댄과의 인터뷰 내용을 다운로드하려면 http://taylorpearson.me/eoj를 방문하라. 댄이 어떻게 연 4만 달러 규모의 웹 디자인 회사를 월 4만 달러 수익을 내는 서비스 업체로 변모시켰는지 확인할 수 있다.

8 매일 새로운 시장이 창출된다

32 케빈 켈리(Kevin Kelly)의 글을 참고하라. http://kk.org/thetechnium/2008/03/1000-true-fans/

33 http://taylorpearson.me/eoj를 방문하면 앤드루로부터 드롭쉬핑 모델의 사업 가능성에 대해 자세히 들을 수 있다. 열정과 전문지식을 보유한 사람들이 그 어느 때보다 많은 기회를 누리는 이유를 확인할 수 있을 것이다.

34 http://www.innosight.com/innovation-resources/strategy-innovation/upload/creative-destruction-whips-through-corporate-america_final2012.pdf

9 직업에서 비즈니스로 전환하는 단계별 접근법

35 http://www.softwarebyrob.com/, http://www.startupsfortherestofus.com/

36 롭의 파란만장한 사연이 궁금하다면 http://taylorpearson.me/eoj에서 인터뷰 내용을 다운로드하라. 5억 달러 규모의 회사 CEO가 되는 길을 포기하고 창업에 뛰어든 과정을 들여다볼 수 있다.

37 eCommerceFuel.com에서 앤드루에 대해 더 자세한 사항을 알아보고 드롭쉬핑과 창업에 관한 무료 안내서를 받을 수 있다. 앤드루가 어떻게 창업을 했는지 인터뷰 내용을 확인하고 싶다면 http://taylorpearson.me/eoj를 방문하라.

38 NathanBarry.com에서 네이선에 대한 자세한 정보와 그가 이북의 가격 설정과 판매에 활용한 전략을 확인할 수 있다.

39 상품화된 서비스는 전달 방법이 표준화된 서비스를 말한다. 상품화된 서비스로 일을 시작하는 일련의 과정을 확인하고 싶다면 다음 사이트를 방문하라. http://www.tropicalmba.com/podcasts/

40 http://taylorpearson.me/eoj를 방문하여 존과의 인터뷰 내용을 다운로드하면, 그가

사업을 구축한 과정을 자세히 확인할 수 있다.

10 수습생으로 복귀하라

41 Walter Isaacson, *Benjamin Franklin: An American Life*.

42 링크드인이 어떻게 수습 제도에 접근했는지 알고 싶다면 다음 책을 참조하라. Ben Casnocha and Reid Hoffman, *The Alliance: Managing Talent in the Networked Age*.

Part 5 일의 미래는 어떻게 될 것인가

43 이와 관련된 논의를 더 자세히 알고 싶다면 다음 책을 참조하라. Jared Diamond, *Guns, Germs and Steel*.

44 Peter Drucker, the Collected works of management.

45 http://eh.net/encyclopedia/hours-of-work-in-u-s-history/

46 http://www.huffingtonpost.com/2014/07/17/map-happiness-benchmark_ n_5592194.html

11 앙트레프레너의 경제학

47 DeMarco, MJ, *The Millionaire Fastlane: Crack the Code to Wealth and Live Rich for a Lifetime*, Viperion Publishing, Kindle Edition, p. 74

48 DeMarco, MJ, *The Millionaire Fastlane: Crack the Code to Wealth and Live Rich for a Lifetime*, Viperion Publishing, Kindle Edition, p. 83

49 http://www.perrymarshall.com/2100/tactical-triangle

50 http://foreverjobless.com/ev-millionaires-math/, 빌리 머피와의 인터뷰 전문을 확인 하고 싶다면 http://taylorpearson.me/eoj를 방문하라. 그가 기댓값에 대한 오랜 고민 과 연구 끝에 어떻게 사업을 구축했는지 알 수 있다.

12 의무가 아닌 선택으로서의 일

51 Davison, Ron, *The Fourth Economy: Inventing Western Civilization*, Kindle Edition, pp. 346~347

52 댄과의 인터뷰 전문을 확인하려면 http://taylorpearson.me/eoj를 방문하라. 보통의 학사 학위를 가진 중산층 출신이 어떻게 부를 쌓을 수 있었는지 확인할 수 있다. 유통의 대중화가 이루어지고 중국 시장에서 생산 비용이 감소한 덕에 그는 세계를 여행하며 자신의 사업을 구축할 수 있었다.

53 롭 월링과의 인터뷰. http://taylorpearson.me/eoj에서 인터뷰 전문을 다운로드할 수 있다.

13 일의 목적과 의미를 이해한다는 것

54 Pink, Daniel, *Drive: The Surprising Truth About What Motivates Us*, Penguin Group US, Kindle Edition

55 Pink, Daniel, *Drive: The Surprising Truth About What Motivates Us*, Penguin Group US, Kindle Edition

56 Henry Sauerman and Wesley Cohen, 'What Makes Them Tick? Employee Motives and Firm Innovation', NBER Working Paper No. 14443, October 2008

57 Dan Ariely, Uri Gneezy, George Lowenstein, and Nina Mazar, 'Large Stakes and Big Mistakes', Federal Reserve Bank of Boston Working Paper No. 05-11, July 23, 2005

58 Pink, Daniel, *Drive: The Surprising Truth About What Motivates Us*, Penguin Group US, Kindle Edition

59 https://www.youtube.com/watch?v=6h5cY7d6nPU

60 http://www.inc.com/allison-fass/peter-thiel-mark-zuckerberg-luck-day-facebook-turned-down-billion-dollars.html

61 Pink, Daniel, *Drive: The Surprising Truth About What Motivates Us*, Penguin Group US, Kindle Edition

Conclusion

62 1962년 9월 12일, 존 F. 케네디(John F. Kennedy)의 라이스 대학 연설.

63 Peter Thiel, *Zero to One*.

64 http://pmarchive.com/guide_to_career_planning_part1.html

65 롭 월링과의 인터뷰. http://taylorpearson.me/eoj에서 인터뷰 전체를 다운로드할 수 있다.

나는 일은 일이고 놀이는 놀이라고 생각하지 않는다.

모두가 하나의 삶일 뿐이다.

─리처드 브랜슨